自分を鍛え、集団を創る！

特別活動の教育技術

目次

第2章

第5章

巻末資料

はじめに

最近、特別活動というカリキュラムは揺らぐことなく存続しているのに、特別活動を指導できる先生がめっきり少なくなったという。いっとき、教員採用が激減したことがあったが、その間の年代の先生たちがぐっと少なくなり、教師から教師へと伝えられてきた特別活動における教師力の連鎖が断ち切れてしまったというのである。確かに、教科書が無く、大学でも実践的な学びを受けにくい特別活動にとって、このことは致命的であったように思う。実際に、全国には、学習指導要領に書いてあることは理解できても、特別活動がどんな理念をもっているのか、具体的にどのように指導したらよいかがわからないという多くの教師が存在するのだ。

結果として、このような中で特別活動が教育課程上の役割を果たし得ていないという現状は、特別活動担当教科調査官としては深刻な問題である。

そこで、特別活動の理念、指導法の基本について広く伝えなければならないと考えた。本書は、そのため次のような章立てによって、このような問題の解決の一助にしたいと考えたものである。

第１章　同じ目標に向かう集団づくり
第２章　学級活動（１）　生活づくりのための学級会
第３章　学級活動（１）　生活づくりのための係活動・集会活動
第４章　学級活動（２）　自己指導能力を育てる授業
第５章　いじめの予防薬としての特別活動

限られた紙幅の中で、特別活動の全体を取り上げることはできなかった。そこで、「望ましい集団活動を通して」という特別活動の指導理念や特別活動固有の役割である子どもたちの自発的、自治的な話合い活動を中心に据えた。さらに、新学習指導要領において特別活動の目標に「よりよい人間関係」を新たに規定したことを踏まえ、いじめ問題の予防に果たす特別活動の役割など喫緊の課題を取り上げることにした。特別活動指導の実効性を上げたいと考える全国の先生方に、是非活用していただきたい。

最後に本書の刊行に関して特段のご協力をいただいた小学館の和田国明氏、編集協力をいただいた高瀬康志氏、イラストを担当していただいた菅原清貴氏に心から感謝の意を表したい。

平成二十五年二月

杉田　洋

第1章
同じ目標に向かう集団づくり

特別活動の教育課程上の役割

教育課程における特別活動の役割を考えてみよう。私は、よく教育課程を自動車になぞらえて説明している。教師の仕事は人づくりであり、自動車づくりや教習所にたとえて考えるとわかりやすい。つまり、主に各教科の役割は、優秀なエンジン（知識・技能等）をつくることであり、頑丈なボディをつくるのは、保健・体育、ハンドルやブレーキをつくるのは、徳の指導に該当する。また、指導の場や方法という点では、教科書を使って机で学ぶ場もあるだろうし、ある限定された教習場の中で運転してみるような体験を行う場も必要である。

しかし、それだけでいきなり道路に出てしまえば、交通事故が多発することは目に見えている。だから、実際に一般道や高速道路などに出て運転をしてみる路上教習も必要となる。つまり、教科書も副読本も使わず、生活や社会とのかかわりの中で体験的に学ぶような場が、特別活動や総合的な学習の時間であると考えればわかりやすい。「生きる力」を育てる上では、このような教育活動が必要なのである。

つまり、主に教科や道徳では、しっかりとした基礎的な資質や能力、価値観などを磨き、併せて実生活や実社会とのかかわりを大切にした体験的な学習や活動を重視するのである。

その際、特別活動では、学校生活を小社会ととらえ、教科や道徳な

どで身に付けた力を活用しながら、よりよい生活や人間関係づくりに取り組むのである。したがって、同じ実生活を教育の対象としながらも地域社会に出て体験学習をする総合的な学習の時間とのかかわりを重視していく必要がある。つまり、様々な歩行者がいて、他の車も行き交い、いろんな交通標識もある実際の一般道において、エンジンやハンドルをどのようにうまく使って走るか、アクセルをどこでどのくらい踏み、ブレーキをいつどのように踏むのかなどについて、実社会で生きて働く力として身に付けていく必要がある。

特別活動と総合的な学習の時間の特質の違いがどこにあるかと言えば、特別活動は、望ましい集団における実践的な活動として指導するものであり、総合的な学習の時間は、探究的な学習として指導するものである。

各教科における体験学習は教習場内での学習であり、特別活動や総合的な学習の時間などにおける直接体験は路上教習というようにとらえるとわかりやすい。

教育課程をこのくらいシンプルに構造化してとらえておくことは、指導がわかりやすくなるのではないかと思う。

多様な他者との
かかわり

権感覚、柔軟性、
ミュニケーション

多様な人間と
共に、どう幸せに
生きていくか

多様な他者と共に
幼児、高齢者、障害のある人、外国人

実践

実行

判断

地域に出て探究的に学ぶ
総合的な学習の時間

実際の学校での集団活動
を通して学ぶ特別活動

実際の学校での集団活動を通して
特別活動

社会の変化に対応しながら

生きる力（人間力）

働く・公共の精神
よりよい社会の形成者
会参画・寄与
集団社会とのかかわり

複雑な社会の中で
どう自己を生かしながら
幸せに生きていくか

多様な集団［組織］・社会の中で
家庭・学校・地域・職場・郷土・国家など

「エンジンやボディをつくって、ハンドルやブレーキをつくらない」ということがないようにしたい。学校は子どもたちにとって「共学、共働、共遊の場」、つまり、小社会なのである。特別活動は、この小社会とも言われる学級や学校でのよりより生活や人間関係づくりを教育の対象とし、社会性（ハンドルやブレーキの扱い方）を体得できるようにする役割がある。

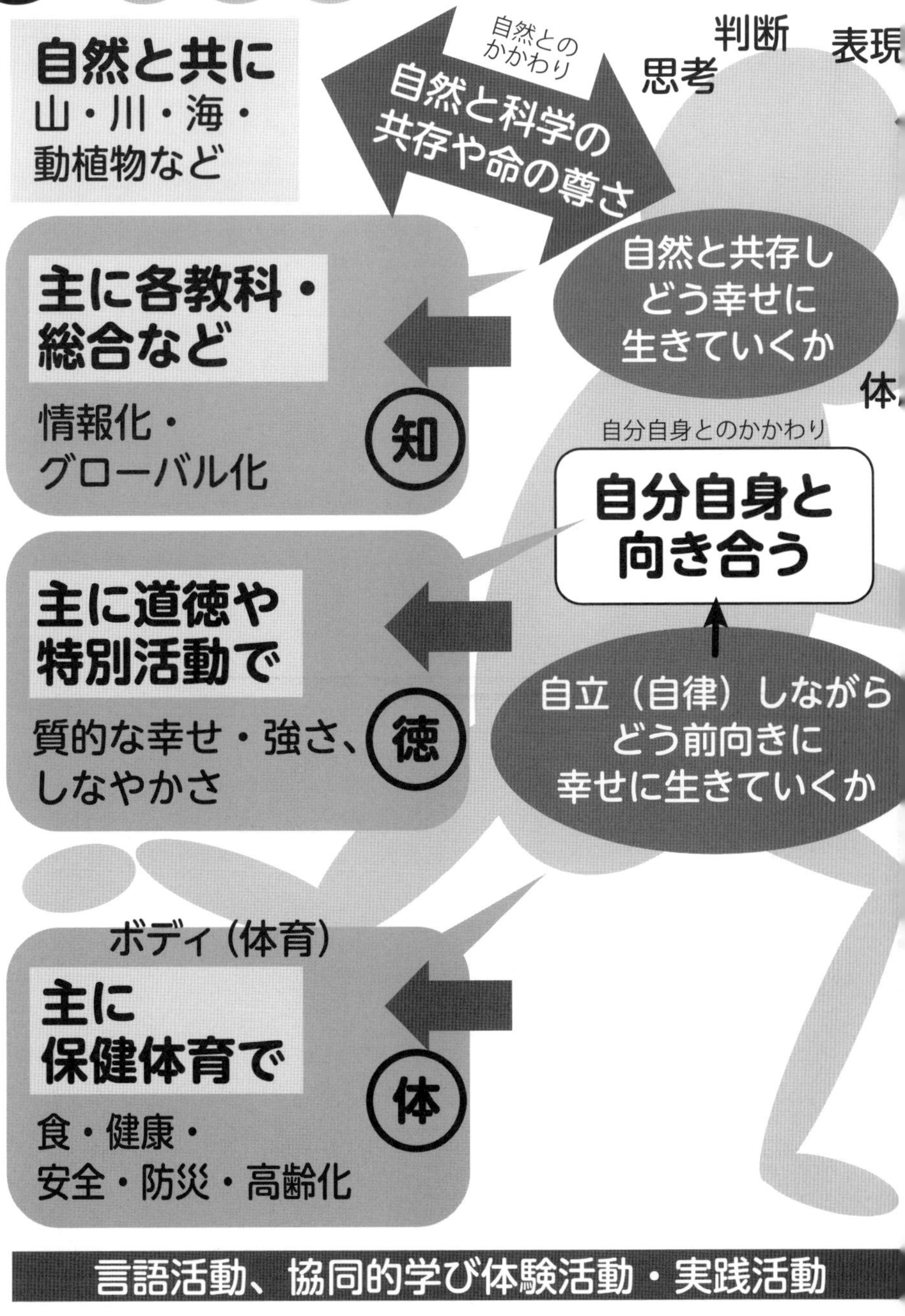
自然と共に
山・川・海・
動植物など
自然とのかかわり
自然と科学の
共存や命の尊さ
判断
思考
表現
主に各教科・
総合など
情報化・
グローバル化
知
自然と共存し
どう幸せに
生きていくか
体
自分自身とのかかわり
自分自身と
向き合う
主に道徳や
特別活動で
質的な幸せ・強さ、
しなやかさ
徳
自立（自律）しながら
どう前向きに
幸せに生きていくか
ボディ（体育）
主に
保健体育で
食・健康・
安全・防災・高齢化
体
言語活動、協同的学び体験活動・実践活動

大震災での避難所生活に特別活動の原点を見る

東日本大震災では、多くの被災者が避難所生活を送った。収容能力の大きい体育館など学校の施設が避難所として使われ、体育館が一つの街になった。そうした中で、生活のルールづくり、たとえば、配給された食べ物を受け取る順番、消灯の時間、一つしかないテレビでどの時間にどんな番組を見るか、あるいは見ないのかなど、一からみんなで話合いにより決めていかざるを得なかった。

集団や社会の問題を解決する方法は、突き詰めて考えれば、話合いで決めるか、力ずくで決めるかの二者択一である。被災下にあってもなお話合いによって諸事万端を解決していく姿を目の当たりにして、特別活動における話合いが、いかに重要であるかに改めて気づかされた。

今の子どもたちにとって、集団で遊ぶ機会など、集団の中での生き方を学ぶ場が少なくなった。核家族化で集団生活の仕方を体得するのも難しくなった。そのような中で、被災者が衣食住の次に求めたのは、やはり隣近所の付き合い、地域の祭など、コミュニティーの復活であった。住宅や道路が復旧したとしても、人間関係がバラバラな状態では、真の復興とは言えないのである。

被災地では、教師から言われるまでもなく、子どもたち自らが立ち上がり、新聞を発行した生徒会などがあった。今の子どもや若い教師は、言われたことは何でもやるが、自ら目的に向かって立ち上がる能力が弱くなっているように思われているが、意外とそうではないらしい。そのような場に追い込まれないから、やらないのかもしれない。特別活動の役割の一つは、自発的に物事をやる態度を育てることである。傍目には同じように特別活動をしているように見えても、自発的な特別活動を行う学校と教師主導の特別活動になっている学校との違いがこういうときに出るのかもしれない。子どもたちの自発的な活動を引き出すには、やはり教師が子どもを真ん中において引き出し役に徹することが大事である。

私は、数多くの学校を訪れているが、子どもが生き生きと活動している学級では、教室に入った瞬間にワクワクするような何とも言えない空気を感じる。そういう学級では、充実した話合いが展開されていることが多い。学級の空気そのものが教育力をもつと、私は思っている。

改めて特別活動の目標について考えてみたい。この目標を具体的にイメージするためには、16ページの図のように学級集団を水槽に、子どもたちを魚にたとえて考えてみるとわかりやすい。

大震災での避難所生活に特別活動の原点を見る

子どもたちにとっての学級集団は、学習する場でもあり、生活する場でもある。その空間（水槽）に、多様な価値観や考え方をもつ子ども（魚）が一緒に学び、生活することになる。

だからこそ、ぶつかり合いや譲り合いも起こる。ときには、けんかに発展したり、集団で一人の子どもをいじめるようになったりもする。

教師は、そのような一つ一つの問題に適切に対応するために同じ水槽で共に生活するのである。

しかし、その指導がうまくいかなければ、はじっこでふるえる魚や外に飛び出してしまうような魚も出てくる。やがて、水はにごり、息苦しい水槽になってしまう。こうなると、心も、体も、学力も効果的に育てられない。そこに居るだけで心がすさんでしまうようなことさえある。　特別活動の目標の「よりよい生活や人間関係を築こうとする」とは、話合いと実践を通して、自分たちの生活する水槽の水がにごらないように活動しようとする態度を育てることを意味している。

そして、学級集会活動をしたり、運動会に取り組んだりすることを通して「規律や我慢、役割や責任を果たすことが大切だ」とか、「思いやりや協力が必要だ」などと子ども自身が実感できるようにすることが、「自己（人間として）の生き方（在り方）についての考え（自覚）を深める」

ということである。　また、「自己を生かす能力を養う」とは、この集団の中で自分のよさを生かして、努力したり、挑戦したりすることができるようにすることを意味している。正義の通らない水槽、そうじを一生懸命する子どもが損をして、適当にさぼっている子が得をするような水槽で生活をしていて、道徳の時間に努力や正義を考えさせるのは難しいのである。

だからこそ、教師の指導と特別活動における子どもたちによる子どもたちのための活動(自主的、実践的な態度)の両方から、いじめに強い学級、心が育ち学ぶ意欲が高まる学級をつくっていく必要がある。

よりよい生活と人間関係を築くという
共通・協同の目標に向かって努力や
協力をし合う話合い活動と実践活動
（集団決定や自己決定）

マズローの
欲求の５段階説

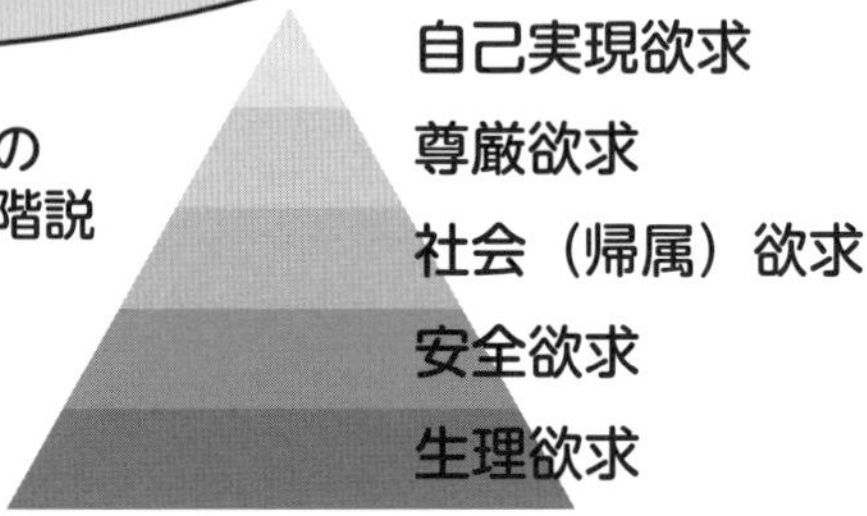
自己実現欲求
尊厳欲求
社会（帰属）欲求
安全欲求
生理欲求

どんな餌(働きかけ)を
どのように与えようか

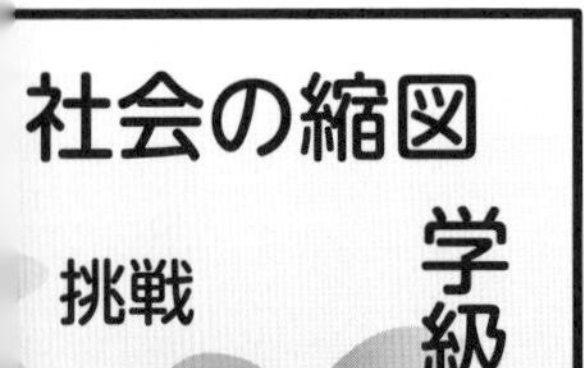
社会の縮図
学級
挑戦
規律
教師
役割・責任

マズローの言うところの自己実現の欲求をもった子どもたちにしたい。力ずくで口を開けてエサを流し込むような教育は効率が悪い。だからこそ、心が安定し、居場所があり、みんなから認められるような学級の中で、子どもたちが自ら口を開く魚のようにしたい。

（働きかけ指導・助言など）

教師の指導（規律と秩序・出番づくり、よさの評価と認め合う場の設定）

子どもによる生活づくり（目標づくり、ルールづくり・役割づくり、仲間づくり）

自尊・承認の欲求
よさが認められ、よさを自覚でき発揮できる

所属の欲求
所属感・居場所がある

安定の欲求
心が安定する

いじめに強い学級
心が育つ学級
学ぶ意欲が高まる学級

※最近、教師による、教師のための活動になっている場合が少なくない。

子どもたちのための活動

〈特別活動の目標〉
望ましい集団活動を通して、心身の調和のとれた発達と個性の伸長を図り、集団（や社会）の一員としてよりよい生活や人間関係を築こうとする自主的、実践的な態度を育てるとともに、自己（人間として）の生き方（在り方）についての考え（自覚）を深め、自己を生かす能力を養う。

この目標は、学級集団を水槽に、子どもを魚にたとえてイメージするとわかりやすい

どんな薬(指導・助言)を
どのように与えようか
体を育てる
学力を育てる
心を育てる
学校
協力
小社会
思いやり
努力
正義が通る
我慢
まじめが
評価される

たとえば、集会活動や運動会などをしたら、「規律は必要であり、役割・責任を果たさねばならない」、「思いやりや協力が大切だ」と子どもたち自身が考えたり、自覚したりすることができるようにする必要がある。

子どもたちによる

乗り合わせた舟

日本の義務教育は、知・徳・体をバランスよく教え、人格を形成する全人教育を行うところに特色があり、社会性を育てる特別活動は、教育課程上、必要不可欠なものである。ところが、ともすると学校も教育委員会も教科時数の増加や保護者の学力向上の声に気をとられて、特別活動の重要性についての意識が薄くなっている場合もあるように思う。もし、「学校は学習の場である」と、学校生活の指導の側面を切り捨てたり、運動会、学芸会などの学校行事などを安易に廃止したりすれば、集団の中で生きていく力を体得する場が失われるばかりでなく、子どもにとって、学校はギスギスした楽しくないところになってしまうにちがいない。

特別活動は、教育分野のガラパゴスであると言う人もいるが、長らく農耕生活をしてきた日本人の意識の底には、集団の中で生きるという習俗や無意識の集団的意識が否応なく流れているのである。学校は社会の縮図であり、人と人の間で生きていく訓練の場だと考えれば、特別活動は、集団の中で生きる力を育む根幹をなすものである。したがって、特別活動は流行ではなく、不易に属するもの、時代を超えて変えてはならないものと考える。

平成十五年度に文部科学省が実施した学校教育に関する意識調査に

よれば、「学校で身に付けたいこと」の問いに、子ども、教師、保護者すべての回答の最上位が「友達と仲良く付き合う力」であった。保護者は、人間関係を言葉では教えられても、その実質は教えられず、学校の中、集団の中でこそ教えられると考えているからだと思う。そういう意味では学級生活は、リアリティーのある人間関係の中で展開されるがゆえに、いじめなどの問題も起こりやすい悩ましい場である。しかし、だからこそ、生きて動く本物の人間関係を学べる場であるととらえたい。

年度当初の子どもたちは、たまたま同じ舟に乗り合わせたような子どもの集まりにすぎない。だからこそ、学校にも学級にも目指す目標が必要になる。みんなが共通の目標に向かって努力し、役割を分担し協力してその実現を目指し、苦労と喜びを共にし、やり遂げた喜びを味わえるような集団まで高めることが特別活動の役割の一つである。ぜひ、学級を引っ張って走らせるモーターボートではなく、子どもたちが同じ目標に向って、全員が仲間となって舟を漕ぐような集団にしたいものである。

学級は、学級担任が引っ張って進める
「モーターボート」ではなく、
先生と子どもたちが一緒になって漕ぐ「手漕ぎボート」

皆で進行方向を見定める

「群れ」を「集団（チーム）」にするためには、共通の目標が必要である。チームとは集団でなければ解決できない問題を解決する組織である。学級活動では、子どもたちがよりよい学級や学校の生活づくりの目標の実現を目指し、みんなで何をどのようにすればいいかを決め（集団決定）、自分として何をどのように努力すればいいかを決め（自己決定）ながら、少しずつ同じ舟の櫓をみんなで一緒に漕げるようにしていきたい。

→（集団決定・自己決定）

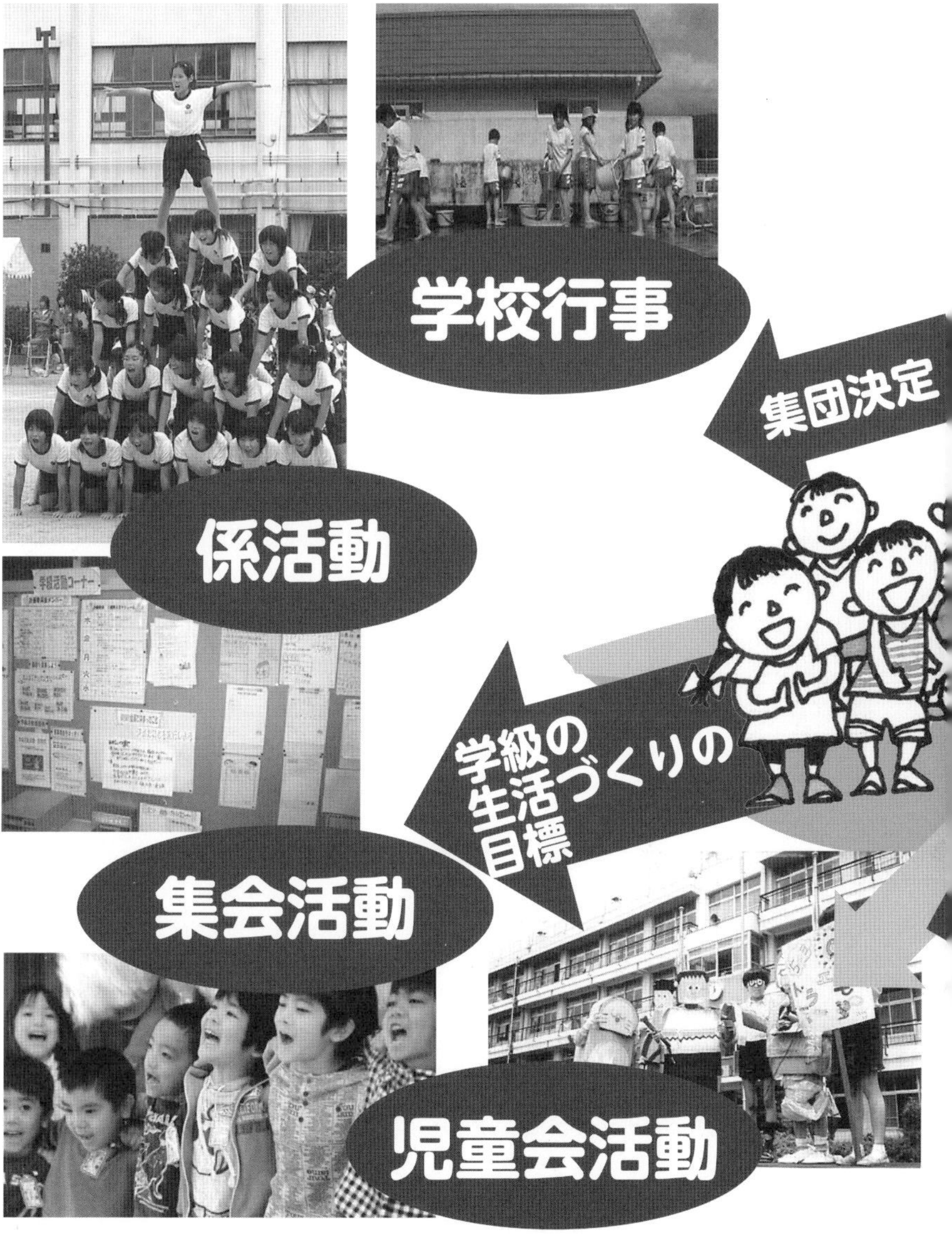
学校行事
集団決定
係活動
学級の生活づくりの目標
集会活動
児童会活動

同じ方向を向いてみんなで漕ぐ

サッカー型集団を目指す

では、どのような集団をイメージし、目指したらよいのだろうか。

日本型集団の理想は、ワールドカップのジャパンチームやなでしこジャパンだ。２０１０年、ワールドカップ対パラグアイ戦のＰＫで駒野友一選手がゴールをはずしたとき、みんなが彼を支えたような集団、２０１２年、女子ワールドカップの決勝戦終了直後、敗れて落胆するアメリカチームに向かい、健闘を称え合った宮間あや選手のようなリーダーがいる集団が目標にふさわしい。優れた能力が備わった個人の集団が組織的、自律的に動く姿に、日本人は憧れる。オフェンスは個人プレーでやれるが、ディフェンスは組織でしかできない。一人でやることの限界や、チームの中で自分を活かすことを教えるのも特別活動の役割である。社会に出れば、チームプレーが要求される。チームを学ばせること、次代の日本人を育てるのに、特別活動は欠かせない活動であるだけでなく、有効である。

どんな子どもも受け入れて「人格の完成」と「よりよい社会の形成者」を育成しようとする義務教育の教師であるからには、勉強のできる子、できない子、非行に走りそうな子、特別な支援を要する子など、すべての子どもが望ましい集団活動を経験できるようにしたい。

今の学校におけるよい集団をみると、本当によい集団とぬるま湯集団に二極化しているように思う。本当によい集団とは、一人一人がのびのびと切磋琢磨し、間違いも許されるような集団であり、学習集団としても高い学び合いができる。他方、ぬるま湯集団の場合は、表面上は大きな問題を起こさないので、一見、よい学級のように見えるが、実は、みんな仲良しのようでいてお互いに関心がなく、みんなやさしくと言いながら人間関係も薄い。

学級づくりの基本としては、「みんな違って、みんないい」という金子みすゞさんの詩が示すように、子どもの個性を尊重し、違いや多様性を認めて伸ばすという教師の姿勢が大切である。だが、それは集団の中でという条件が付く。共に生きていくために我慢したり、折り合いを付けたりして生きていく「共生」の態度についても体験的に学ぶ機会をつくるように心がけるべきだ。

最近の学校をみると、集団と個の関係を二項対立的にとらえる傾向がある。集団がまとまるには、個人のわがままは許されないという考え方と、個人の自由を抑圧するものとして集団を排斥する考え方のどちらかに支配されている。しかし、集団と個は共生できるものだ。共生の思想と個性重視の教育は両立すると、私は考えている。

集団活動が内包する「両刃の剣」

学級の雰囲気や風土をつくり出しているのは、人間と人間の関係である。もともとは子どもたちの単なる集合体に、友情や信頼などにもとづく心の結び付きをつくって、バラバラだった子どもを一つの学級集団にしていくことが、学級担任の重要な役割である。このことに直接貢献しているのが、子どもたちの集団活動を教材とし、みんなで一つの目標に向かって協力し、よりよい生活や人間関係を築くことを目指す活動が特別活動である。

しかし、こうした活動は、学級集団が一致団結して、子どもたちが成長していくというプラス面がある一方で、集団活動そのものがいじめを生む原因になるという、忌むべきマイナス面があることも理解しておく必要があるだろう。社会心理学者の三隅二不二氏によれば、集団には、「課題達成機能(P)」と「集団維持機能(M)」という二つの機能がある(PM理論)。課題達成機能とは、いい成績をとる、成果をあげるなどのことである。集団維持機能というのは、集団全体のまとまり(集団の凝集度)を強めることである。特別活動における集団活動を進めていく場合、この二つの機能がバランスよく機能するようにしたいが、ときに、課題達成機能にばかり目を向けすぎると、集団維持機能が弱まってしまう場合があることに留意したい。具体例をあげれば、合唱コンクールや運動会など、学級対抗で競争させることが学

集団の機能

よい成績、出来栄え、結果など → A
仲間意識、人間関係の深まり → B

	課題達成の機能 生産性	集団維持の機能 凝集性
集団	A 活動の成果・ 課題達成度	B 集団の凝集度 まとまり
個人	C 個人の活動への 貢献度	D 個人の集団の 中での安定感

C ← 「集団のために役立つことができた」という主観
D ← 「この集団に居やすくなり、楽しくなった」という主観

この4つの機能が効果的に働くようにすることが「望ましい集団活動を通して」ということ。

※ PM理論をもとに筆者が作成したもの

校行事ではよく見られる。競わせることによって学級集団としての結束を高めることになるが、たとえば、合唱コンクールでよい成績をとろうとするあまり、下手な子どもに対して、「あなたは声を出さないで」とか、「当日は休め」と周りが言うようなケースが出てくると、学級の雰囲気は極めて悪くなる。「自分はこのクラスに必要のない人間」という主観をもつことにもなりかねない。

望ましい集団活動の一つの条件は、このような課題達成機能と集団維持機能のバランスがとれていることである。本来「自分が役に立っている」とか、「自分がみんなに必要とされている」といった主観が残るような集団生活が望ましいのだが、それが子どもたちの主観であるがゆえに、指導が難しい。つまり、競争には、集団生活を鍛えて成長させていくという面もあるが、集団自体を崩壊させてしまうという危険をも内包しているのである。結果として「自分はこの学級にいなくてもいいと思われている」と感じる子どもが出てしまえば、教師がいくらそうでないと思っても、もはや、それはいじめの始まりである。

集団生活にはこのような「両刃の剣」という一面があることを十分理解しておかなければならない。学級担任は、学級の子どもたち全員が、共通の目標に向かって、集団の一員として自分も貢献しているという充実感をもてるような活動を心がけていくべきである。

子どもたちは守られているだけの存在ではない

学級会の議題「6 年生最後の集会活動をしよう」でのことである。いろいろとよい意見が出され、子どもたちは何をすべきか決めかねていた。そのとき、ある男の子が思い立ったように、手を挙げまったく違った発想で意見を述べた。

提案理由の「この学校でよかった、この仲間たちでよかったと思える集会をしたい」がずっと気になっていました。年度当初に転校してきて、この学級に通えなくなっているA君のことです。この子が参加しない集会では提案理由には合わない。そこで、A君が家の前でよくやっているローラースケート大会を提案します。もし賛成してくれたら、僕が説得してA君を学校に連れてきたいと思う。うなずきながら聴き入っていた子どもたちは、この提案に一斉の拍手で賛同した。

このことを学級担任が校長先生に報告すると、次のような会話になった。

「すばらしい子どもたちですね。ところで、ローラースケートをもってるの？滑れるの?」「えー、それが四つしかない。それにほとんど滑れないので少々心配しています」「それでは難しいのではないですか」「私もそう言いました。しかし、子どもたちは、私や校長先生を超えています。何をするかよりも何のためにするかが大事で、だから、みんなですることに意味があると言うのです」

そんな子どもたちの強い思いが通じ、A君が参加してローラースケート大会が開かれた。このとき、「卒業式にも出席する」と約束をしたのでみんなで待ったが、いつになっても来なかった。卒業式が終わりに近づいた頃、一本の電話が入った。「午後2時に行く」。

昼食もとらず校庭で遊びながら待っていた子どもたちが体育館に集合した。保護者も先生方もいったん脱いだ礼服を再び着て、二回目の卒業式が行われた。

この話を聞いて、大震災に見舞われた東北を訪ねたときのお年寄りの言葉を思い出した。「親族などを失い、生きる希望がすっかり失せた。しかし、同じ境遇の子どもたちが元気に運動会で頑張っている姿を見て、まだまだ生きていかなければならないと思った」と。

子どもたちは「ただ守られているだけの存在」ではない。「ときには級友を元気にし、ときには学校や地域をも元気にする存在」である。いじめや不登校などの問題も、ある意味、子どもたち自身の問題でもある。だからこそ、このような子どもたちの力を信じ、期待していきたいものである。

第2章

学級活動(1)
生活づくりのための学級会

学級活動（1）学級や学校の生活づくりの改善のポイント

まず、学級活動（1）を概観してみよう。今般の学習指導要領の改訂により、次の三つのことについて改めて明確にされたり、強調されたりした。しかし、活動の特質はこれまで通りである。

学習指導要領改訂上の新たな視点

○学級活動の内容の明示→解説33ページ
○学級や学校の生活づくり→解説35ページ
○発達の段階に即した指導→解説51ページ

活動の特質

○児童自らが楽しく充実した学校生活をつくっていくために行う活動
○学級の児童全員が協力して取り組む活動
○教師の適切な指導の下、児童が主体となって行われる自発的、自治的な活動

1 学習指導要領改訂のポイント

・望ましい人間関係の形成

特別活動の全体目標に新たに「人間関係」が加えられた。そして、

特別活動が教育の場としているのは学校生活である。とりわけ、「学級活動(1)学級や学校の生活づくり」が対象としているのは、その名の通り子どもたちの「生活」そのものであるが、その生活の中で大きな位置を占めているのが「人間関係」である。これは大人の社会でも同じことであり、「望ましい人間関係」を築けるか築けないかで社会生活を豊かに送ることができるかどうかが決まると言っても過言ではない。そこで学習指導要領では、「学級活動(1)学級や学校の生活づくり」にかかわる内容として、低学年では「仲良く助け合って」、中学年では「協力し合って」、高学年では「信頼し支え合って」という言葉を規定し、発達の段階に即して重点的に育成する人間関係を示すことにした。

・よりよい生活づくりに参画

今回の学習指導要領の改訂では、学級活動の目標にも「参画」という文字が入った。学級活動においては、「(1)学級や学校の生活づくり」が児童会やクラブ活動と同様に、子どもたちの「自発的、自治的な活動」であることを明確に整理したものである。参画とは、ただ参加するだけではなく、「計画(の立案)に加わること」(広辞苑)という意味であるから、自分たちで学級生活をより楽しく豊かにするために、主体的に参画する姿勢をもてるようにすることが重要である。

2 内容改訂のポイント

・学級や学校における生活上の諸問題の解決

いわゆる学級会での話合いの活動と、そこで集団決定したことを協力して実現していく活動のほとんどがこれに含まれる。この活動で身に付けたいことは、「社会性」や「自治的な能力」など、やがて子どもたちが社会に出てから直接生きて働くような実践的な態度である。しかし、このような能力は「なすことによって」身に付くものであり、紆余曲折があり、時間がかかるのも当然である。特に留意すべき点は、次のようになる。

ここがポイント

①児童の生活向上意欲を引き出す
②試行錯誤や失敗も含めて体験を重視する
③話合い活動を充実させる

ここでは「結果」ではなく、「過程」を大切にする

・学級内の組織づくりや仕事の分担処理

ここでの「組織」とは、学級会の計画委員会や係活動などのことを指している。計画委員会はいわゆる学級会を効率的に進め、充実した内容にするために欠かすことができない。係活動も学級生活を豊かにするために大切な組織である。どちらも教師の適切な指導の下に行われる、子どもたちのための子どもたちによる自発的・自治的な活動である。

だからこそ、当番活動とは異なり、どんな係が必要か、そのためにどんな役割が必要かを見出すのは子どもたち自身でなければならない。もし、この活動を活性化することができれば、子どもたちに話合いによる「企画力」、実践することによる「運営力」、振り返ることによる「改善力」などを身に付けることができる。

・学校における多様な集団の生活向上

学校には、学級を超えて編制される学年を単位とする集団、異年齢による縦割り班など多様な集団が存在する。それら集団の生活の充実と向上を目指すのがこの活動である。たとえば、ペア学級との交流、地域別のグループでの活動などが考えられる。

3 指導計画を作成する際の改善のポイント

・共通指導の徹底を図る

子どもたちの自発的、自治的な活動をその特質とする「学級活動(1)学級や学校の生活づくり」とはいえ、教育課程に位置付けられた授業であるから、「予想される議題」など年間指導計画を作成する必要がある。特に大事にしたいのは、子どもたちの①計画立案、②話合い、③実践、④振り返りの一連の活動について、全校で共通の指導ができるようにすることである。指導計画では、そのための目指す子どもの姿とその指導方法などを明確にしておきたい。

・発達の段階に即した指導をする

学習指導要領には、「人間関係」と同様に「自治的な態度」についても、低学年で「学級生活を楽しくする」、中学年で「楽しい学級生活をつくる」、高学年で「楽しく豊かな学級や学校の生活をつくる」と発達の段階に即して示した。そこで、解説書51～57ページに「発達の段階に即した指導のめやす」について、①話合い活動、②係活動、③集会活動に分けて丁寧に解説されているので参考にして、指導計画を作成して

もらいたい。

・学級経営とリンクする

子どもたちによる生活づくりの計画は、いわば教師による学級づくりとも言える学級経営計画と関連を図るようにしたい。特に教師が年間を通して行う集団や人間関係の育成の道筋を、子どもたちのよりよい生活づくりの活動と連動させるなどは、その例である。

いずれにしても規律や信頼関係が築かれていないなど、学級経営がしっかりできていないところでは、子どもたちの自主的な活動はうまくいかないことから、学級経営と学級活動を双方向で効果を上げて、しっかりリンクさせて学級を充実させていきたいものである。

活動計画をつくる

さて、子ども自身が、「話合い」、「実践」、「振り返り」の一連の活動の見通しをもったり、その中の話合いの活動計画を作成できるようにするためには、どうすればよいだろうか。

まず、何をしたいのか(議題)、何のためにしたいのか(提案理由)、そのために何を話し合わなければならないか(話合いの柱)を、教師の適切な指導の下に、子どもたちが明確にすることができるようにしていく必要がある。

次に、話合いの柱について事前に意見を考えておいてもらうが、その意見をしっかりともてない子どもが少なくない。実際に意見メモを見ても理由を明確にして自分の意見を記すことができていない場合が多い。

これで本当に子どもたちの生活向上について発想する力は育っているのだろうかと心配になる。今後は、教師が子どもたちに発想法も教えていかなければならない。たとえば、体育祭、学芸会、遠足、合唱コンクールは、すでに決まった計画であるから、子どもたちは計画を立てる段階から悩む必要はない。その場合の目標や課題は教師が決めている。教師から計画の一部を任された子どもたちは、その一部分について考えればよいから、様々なアイディアなどの発想がしやすい。

しかし、問題を子ども自身が見つけて解決しようとする場合、または、生活の中から問題を見つけ出さなければならない場合には、子どもたちは面食らってしまう。何に着目して、どんな提案をすればよいかがわからないからだ。だから、多くの学校が児童会にしても生徒会にしても、議題ポストを設置しているが、ほとんど議題が入らないのである。教師は、自分たちの生活問題への関心を高め、そこから問題を発見できるようにし、その解決のためのアイディアなどの発想を導き出すような指導を重視していく必要がある。このようなことが積み重ねられて、はじめて子どもたちによって話合いの活動計画が作成できるようになる。

発想法を鍛える

何か学級の諸問題を解決しようとするとき、どんなことについて話し合ったらよいか、どんなアイディアがあるかを訊いても、その考えが出てこない場合が少なくない。学級に三十人いても、三十の知恵が集まらない。結局は、リーダーシップをもつ子が何人かいて、その意見に他の子が同意するだけということが繰り返されることが多い。このような状況においては、発想法を引き出す工夫をしたい。

たとえば、マンダラート法。紙の真ん中に議題を書き、周りにいくつかの空欄を用意し、問題解決のために必要な話合いの柱を書き出してみることが考えられる。また、話合いの柱について自分の意見を考える際に、提案理由などから書くことが考えられる。いくつかの条件を満たすものには、どんなものがあるかを考えるワードダイヤモンド法でもよい。たとえば、紙の上下左右に、上(みんなが仲良くできること)、下(自分も楽しめること)、左(学級として成長できること)、右(男女が仲良くなってほしいこと)などという視点で考えてみるのである。これらは、企業人が活用する一般的な発想法の一つであるが、このような方法を学級会で活用してみるのもよいであろう。

そのほか、文化人類学者の川喜多二郎博士が開発したＫＪ法(みんなが意見を出し、分類して、それを一つにまとめていくという手順)

を活用することも考えられる。次項では、ワードダイヤモンド法を活用した実践例を紹介する。

◆活動の方針…白紙を渡して記入させるのではなく、発想のフレームを与える

◆マンダラート法

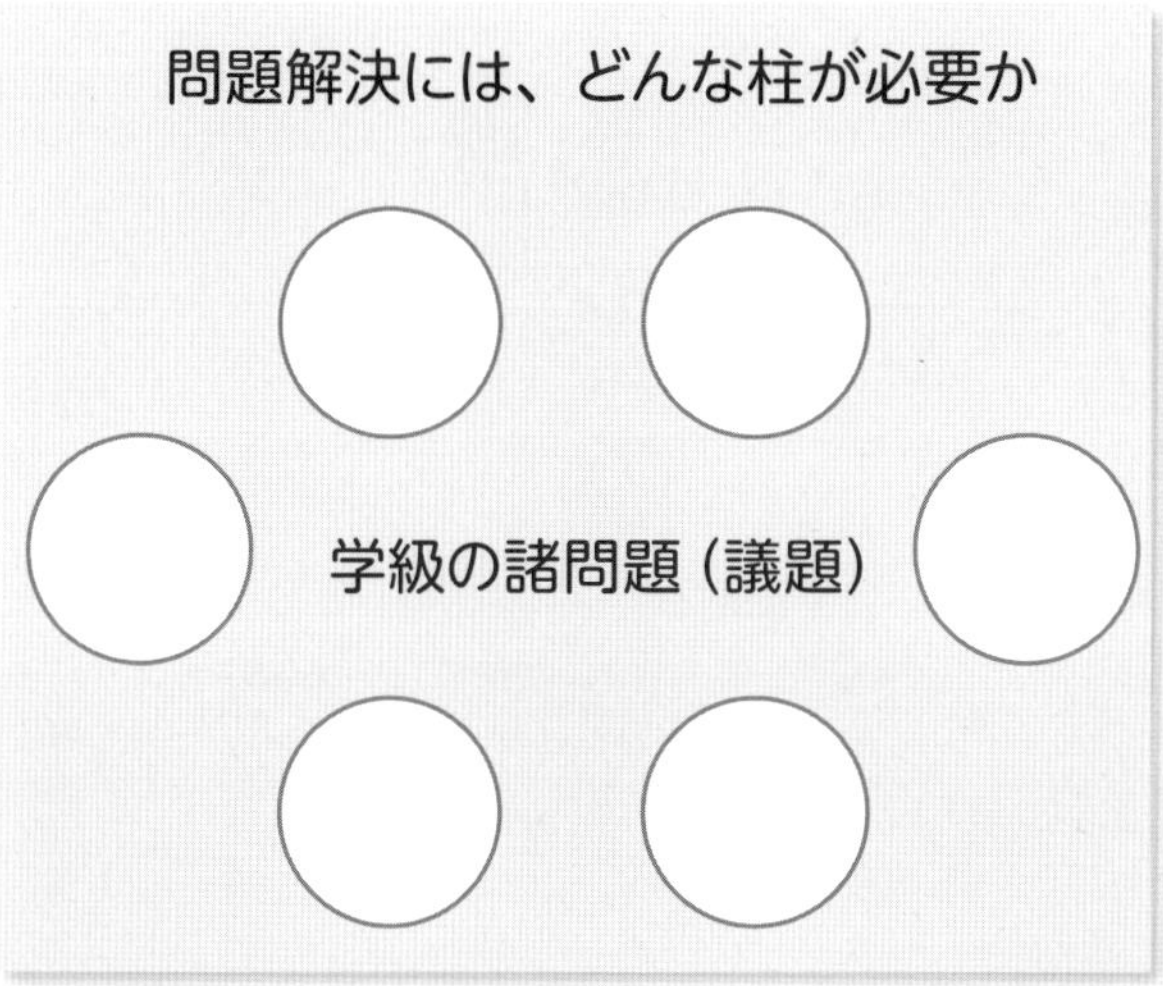
問題解決には、どんな柱が必要か
学級の諸問題（議題）

◆ワードダイヤモンド法

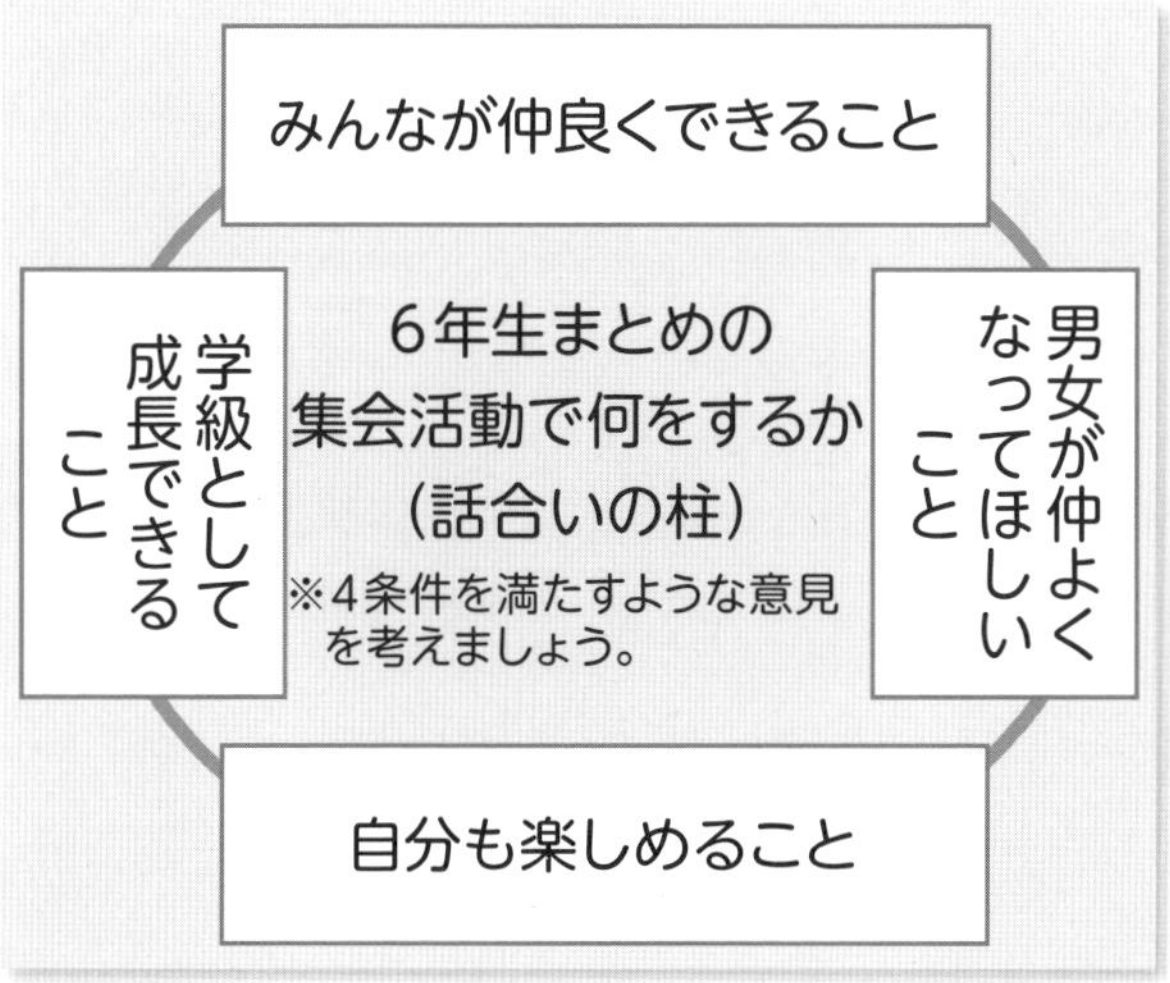
みんなが仲良くできること
男女が仲よくなってほしいこと
6年生まとめの集会活動で何をするか（話合いの柱）
※4条件を満たすような意見を考えましょう。
学級として成長できること
自分も楽しめること

ダイヤモンド法を活用した例
～みんなが楽しめる雪合戦をしよう～

ある学級で、雪合戦をすることが決まり、みんなが楽しめるには、どんなルールがよいか話し合うことになった。提案理由（話合いの視点）や決まっていること（考える際の条件）は次の通りであった。

提案理由

学級目標の「絆」と「スマイル」を実現するために、みんなが楽しめる雪合戦にしたい。そのためにわかりやすいルールをいくつかつくって工夫したい。

たとえば

○雪玉が当たってもなるべく痛くないようなルール

○当てる楽しさもあるようなルール

〔決まってること〕

○来週の五時間目（準備の時間は限られる）

○青色と黄色チーム（2チーム対抗戦）

○一回戦十分、三回（勝った数で勝負を決める）

「提案理由」や「決まっていること」の中から、キーワードをいくつか取り出し、ワードダイヤモンド法で自分の考えを整理してみることが考えられる（Ｐ43）。

実際には、子どもたちから次のような意見が出された。

子どもたちの意見を黒板に貼り可視化する

①簡単に当てられないようにかべをつくる
②点数を書いたものに当てる
③ペットボトルに当てる
④相手が入ってはいけないゾーンにラインを引く
⑤雪玉を投げながら物をとり合う
⑥水中メガネをかけるか、スマイル君のお面をかぶる
⑦スマイル君に見立てた人形を台から落とす
⑧スマイル君の雪だるまに当てる
⑨雪玉に当たらないようにしながら相手のはたをとる
⑩首から上をねらったらアウト
⑪相手が降参のサインを出したら当てない

子どもたちから出された意見

①簡単に当てられないようにかべをつくる
②点数を書いたものに当てる
③ペットボトルに当てる
④相手が入ってはいけないゾーンにラインを引く
⑤雪玉を投げながら物をとり合う

出された意見を黒板で分類・整理する

何かに当てる
②点数を書いたものに当てる
③ペットボトルに当てる
⑦スマイル君に見立てた人形を台から落とす
⑧スマイル君の雪だるまに当てる

→ 痛くないが→まと当てになっていて雪合戦ではない

物をとり合う
⑤雪玉を投げながら物をとり合う
⑨雪玉に当たらないようにしながら相手のはたをとる

→ おもしろいが複雑で、けっきょく近くで当てることになる

提案理由を意識しながら、考え、話合い、判断し、合意を見出していく

提案理由
絆とスマイルでみんなが楽しめる雪合戦にしたい。そのためにわかりやすいルールをいくつかつくって工夫したい。

○雪玉が当たってもなるべく痛くないようなルール
○当てる楽しさもあるようなルール

〔決まってること〕
○来週の五時間目
○青と黄色チーム
○一回戦十分、三回

⑥水中メガネをかけるか、スマイル君のお面をかぶる

⑦スマイル君に見立てた人形を台から落とす

⑧スマイル君の雪だるまに当てる

⑨雪玉に当たらないようにしながら相手のはたをとる

⑩首から上をねらったらアウト

⑪相手が降参のサインを出したら当てない

その他の工夫

④相手が入ってはいけないゾーンにラインを引く

その他にも

①簡単に当てられないようにかべをつくる **決定**

⑩首から上をねらったらアウト

⑥水中メガネをかけるか、スマイル君のお面をかぶる **決定**

⑪相手が降参のサインを出したら当てない

○近くからぶつけないのでいたくない
×なかなか当たらない
★五メートルのところに目印をつける
○にげこめて、楽しめる
×かべを雪でつくるのは大変で、まに合わない
★そりを立ててかべにする
×いいけど判定できない
×まちがってあたるかも
★なるべく気をつける
×水中メガネは、くもって投げにくい
○お面なら顔に当たってもOK
○おもしろそう（青と黄のチーム色のお面にする）
○スマイル君のお面なら学級目標に合っている
×いいけど判断できない
×必要ない（近くから当てないから）

○は賛成の理由
×は反対の理由
★条件付きで賛成で決定

〈話合いの実際の概要〉

子どもたちから出された意見を黒板に張り出す（可視化）。次に、その意見を「Ⓐ何かに当てる」「Ⓑ物をとり合う」「Ⓒその他の工夫」の３つに分類・整理しながら並びかえた（操作化）。その上で、Ⓐにするかⓑにするか、Ⓐ＋Ⓑにするか、または、ⒶにもⒷにもしないかについて話し合った。結果、Ⓐは雪合戦にはならない、Ⓑは楽しそうだが勝負が難しいということで両方とも取り上げないこととした。その後、その他の工夫について、条件付き賛成も含めて、「お面をつける」、「かべをつくる」に決定し、上の写真のような雪合戦が行われた。

みんなが楽しめる雪合戦をしよう。 ルールを工夫しよう（4年）

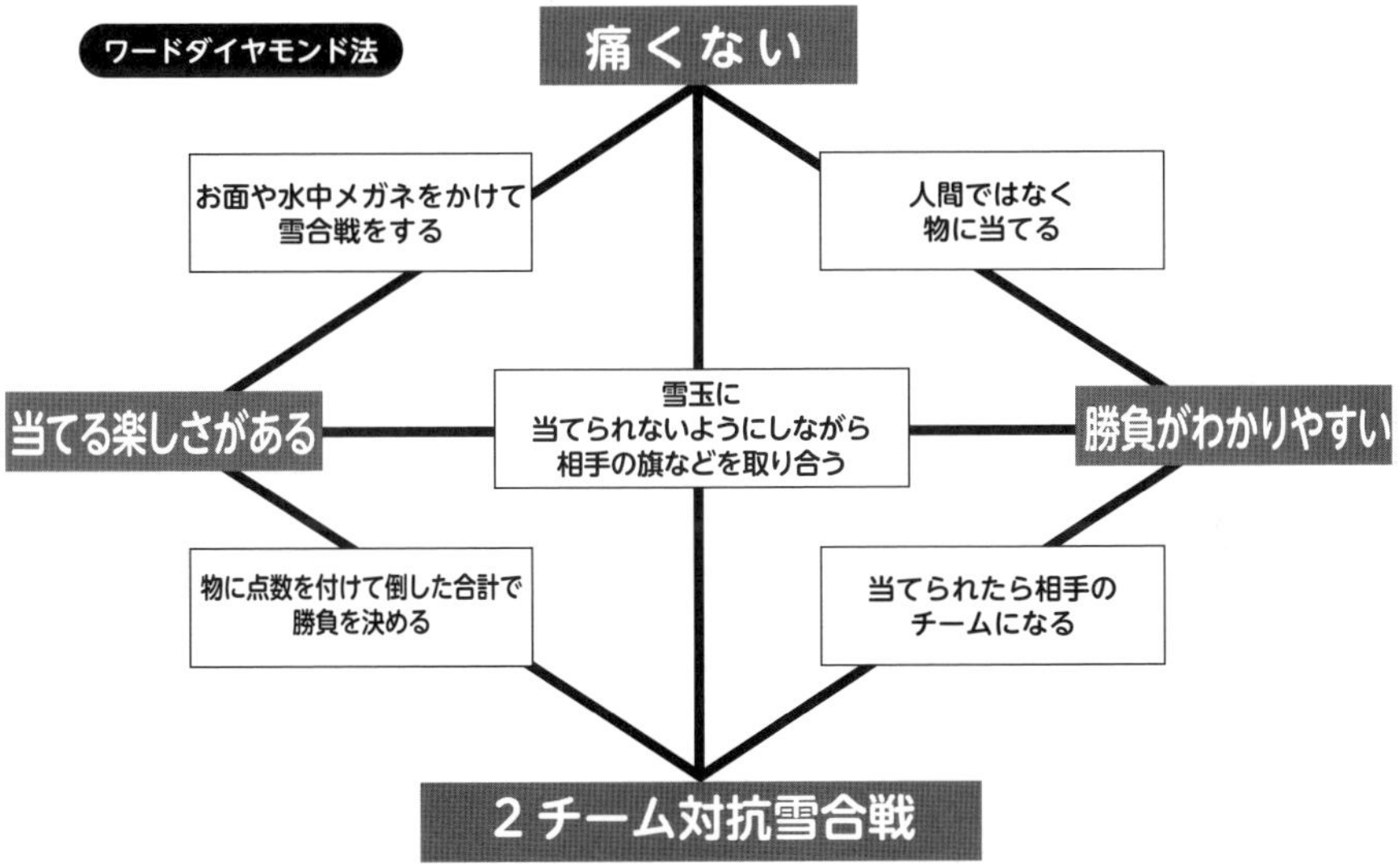
ワードダイヤモンド法
痛くない
お面や水中メガネをかけて雪合戦をする
人間ではなく物に当てる
当てる楽しさがある
雪玉に当てられないようにしながら相手の旗などを取り合う
勝負がわかりやすい
物に点数を付けて倒した合計で勝負を決める
当てられたら相手のチームになる
2チーム対抗雪合戦

子どもたちが多様な意見をもつことができるように、事前の活動としてワードダイヤモンド法を活用してみる。具体的には、図のように提案理由や決まっていることの中から、「考える視点」を4つ書き出し、自分の考えを整理してみる。

こうすることで、議題について深く考え、一人一人の子どもが理由を明確にした意見をもって、話合いに参加することができる。

本気で話し合える場をつくる

今の子どもは、合意を形成したり、一つの目標に向かうための総意を決めたりするための話合いの技術が身に付いていないとか、話合いや会議が下手だなどの声をよく聞く。では、会議をする力を身に付けるには、どうしたらよいのだろうか。私の経験では、教師が先導したり、一緒に話合いを進めたりする姿勢を大事にしつつ、子ども自身が本気で話し合うことを繰り返し経験する以外にないように思う。もちろん、話し合った結果、よりよい活動が生み出さなければ、次の話合いに本気で取り組まないので、活動全体が大事になる。

私の場合、話合いとその実践の本気度は、次の三つの要素がそろっているかどうかで判断している

ここがポイント

話合いの本気度を判断する視点

①仲間
②感動
③本物

一つめの仲間とは、たまたま同じ学級になった者同士というのではなく、この学級の人間は自分たちの仲間なのだという意識をもちなが

ら活動したかということである。そのために、同じ目標を共有しているかが大事であり、その実現に向け苦労を共にするからこそ、お互いを仲間と呼べるようになるのである。二つめの感動とは、どれだけ喜びの涙が流せるような結末を迎えられたかである。そのために、特に大切なのは、挑戦すべき課題にみんなで立ち向かうことである。「努力」と「協力」でその難しい課題を乗り越えたとき、人間は感動するのである。一体感を味わえるようにすることである。三つ目の本物とは、活動内容や活動の対象に、子どもたちがどれだけ実社会を感じたかである。そのために大切なのは、やりがいのある舞台を用意するということである。同じ劇の発表も友達同士だけでなく、観客のある舞台を用意すれば、子どもは本物を感じるであろう。

この三つの要素が備わった話合いと実践を積み上げることで、学級がチームとして一段高い成長をし、一人一人の子どもに話し合う力と目標を実現する力を確実に身に付けていくはずである。

クラスメイトを仲間と呼べるだろうか
活動が感動をもたらしているか
本物かどうか

実はStandingが重要

一般的に各種活動におけるPDCAサイクルは知られているが、実は、P（話合いや計画）の前にはStanding（発起する、立ち上がる）という重要な過程がある。このことは、よりよい生活づくりのための学級会も同様である。

しかし、どうも子どもにとって切実で必要感のある問題にしないままに議論に入ってしまうような、果物で言えば熟さないうちに実をもいでしまっているような話合いを多く見かける。できるだけ子ども自身が立ち上がれるようにするための、背中を押すような指導をもっと大事にしたい。

たとえば、子どもたちが学級の諸問題に気付かないのであれば、教師が問題に気付くように仕向けるのである。もし子どもたちが取り上げた問題に関心ややる気を示さないようであれば、様々なきっかけづくりを通してその問題に目が向くようにし、絶対にやり遂げなければいけないという思いにまで高めていくのである。実は、このStandingの指導が、どれだけ効果的に行われたかが、話合いのみならず活動全体の成否を左右しているのである。

人の意見を尊重する態度

学級会を通して単に話合いの技術を身に付けるのではなく、子どもたちに相手の意見を尊重する態度をしっかりと身に付けようとすることが大切なことである。社会に出れば、他人の主張を認めず、自分の主張だけを貫くことはできない。たとえば、3・11の被災地に伝わるお祭りを復活させるかどうか。毎年のことだからやろうという人々もいれば、生きるのに精一杯でお祭りどころではないという人々もいる。その中で、うまく折り合いを付けることができなければ、お祭りを継続することはできない。相手の意見を尊重し、少数意見にも配慮しつつ、話合いで折り合いを付けていくことができるようにすることが、特別活動の特質でもある自治的な話合いが担うべき固有の役割である。

今は、自己主張はするが、人の意見は聞かない子が多い。いや、聞き入れることができないのである。だから、三人寄れば文殊の知恵になりにくい。意見は多く集まっても、よい意見にまとめ上げることができない。まずは相手の意見を肯定的に聞くという経験を重ねていく必要がある。たとえば、自分意見と他の意見を並べて書かせて、相手がそれがよいと考えている理由を想像して書き出してみるなども一つの工夫である。また、話合いを中断して、相手の理由のよさを見つけてみることもよいであろう。いずれにしても、こういう試みを積み重ねていくことが大切なのである。

教師の子どもへのかかわり方を端的に言えば、子どもに問題を提示し、「あなたたちならできる」、「あなたならできる」と信じて期待し、要求し、一人一人に寄り添いながら認め励まし、その努力や頑張りをしっかりと見とって価値付けをすることである。特別活動の場合も同じである。

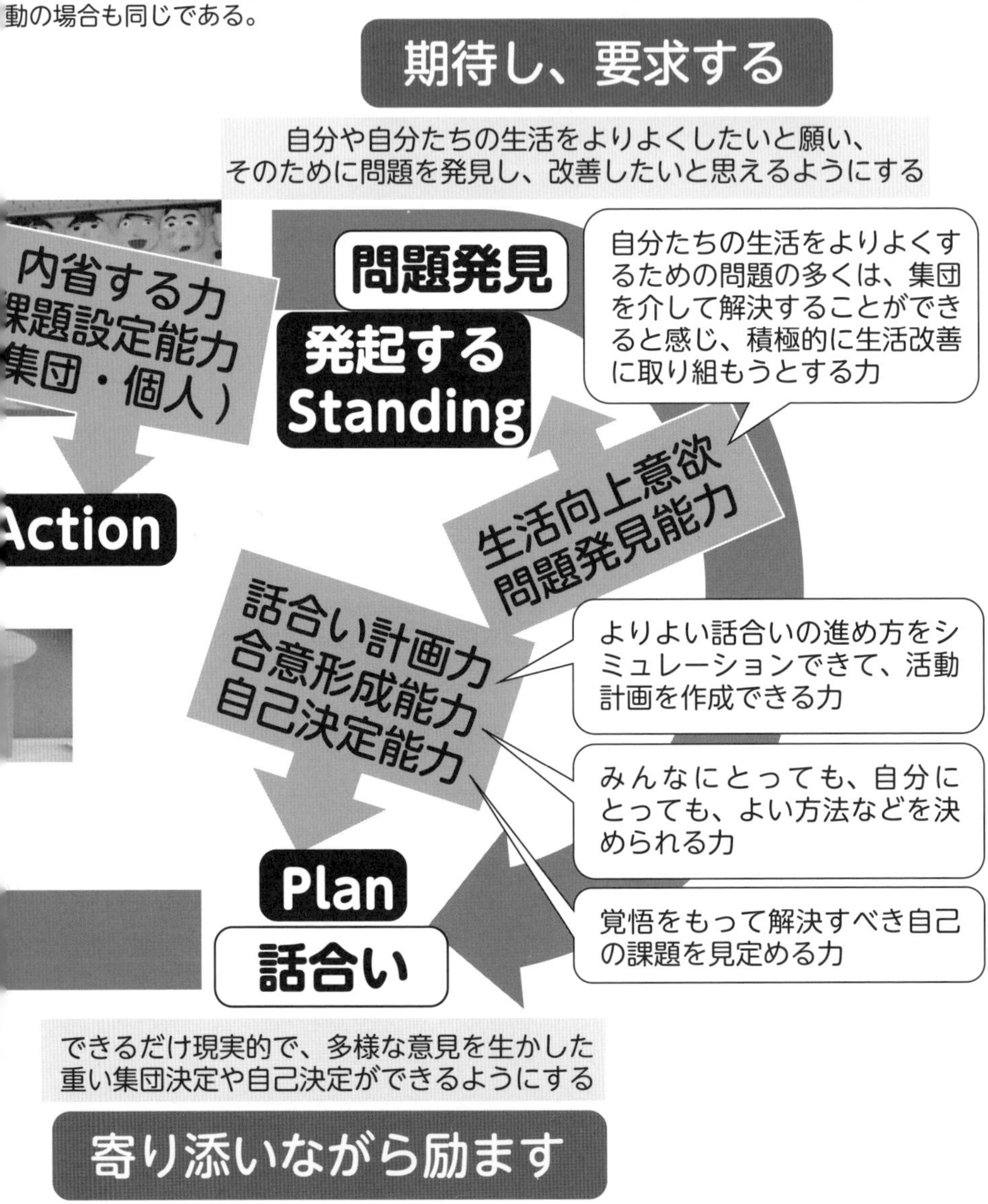
期待し、要求する
自分や自分たちの生活をよりよくしたいと願い、
そのために問題を発見し、改善したいと思えるようにする
問題発見
発起する
Standing
自分たちの生活をよりよくするための問題の多くは、集団を介して解決することができると感じ、積極的に生活改善に取り組もうとする力
生活向上意欲
問題発見能力
内省する力
課題設定能力
集団・個人）
Action
話合い計画力
合意形成能力
自己決定能力
よりよい話合いの進め方をシミュレーションできて、活動計画を作成できる力
みんなにとっても、自分にとっても、よい方法などを決められる力
覚悟をもって解決すべき自己の課題を見定める力
Plan
話合い
できるだけ現実的で、多様な意見を生かした
重い集団決定や自己決定ができるようにする
寄り添いながら励ます

価値付ける

成果やよかったことを可視化するなどして、
実感できるようにする

Check 振り返り

自分や集団の向上を目指した活動について、うまくいかなかったことやこれから何とかしなければならないことなどが見つけられる力

自分や自分たちの集団活動を提案理由や目標などで、できるだけ客観的に評価できる力

自己評価能力
(集団・個人)

力こぶ
- あきらめない姿
- 思いやりのある姿
- 協力している姿

人間関係上の問題を自分で調整したり改善したりして、互いのよさを生かし合い、自分の役割を果たしながら、目標を実現する力

協力的な態度や責任感
人間関係形成能力
自分に厳しく努力する力

Do 実践・実行

出番を与え、多様な他者と一緒に活動できること、
集団の中で自己生かすことなどに、自信がもてるようにする

頑張りを見とる

生活を向上したいという意欲をもつには

人間はちょっとした困難があっても我慢して、現状に安住してしまいがちである。問題があっても問題と感じない、あるいは、簡単に「自分たちで問題解決することはできない」とあきらめてしまう。問題を見つけるには、問題を解決したいという意欲が必要であるが、その意欲自体をもつことができない場合が少なくない。これからの日本の未来を創る子どもたちには、たとえ小さな問題でも自分たちの問題を自分たちで見つけ、自分たちで解決することができるという実感を味わわせておきたい。

このような力は、自治の力と言ってもよいが、これを身に付けるのは特別活動の役割である。自治のキーワードには、「総意(集団決定)」と「協同(社会的な実践)」の二つがあると考えているが、実は、小学校の場合は、子どもの総意や実践に任せられることは意外と少ない。たとえば、話合いで柱を立てることの一つをとってみても、いつ、どこで、どのように活動するか、どんな物や係が必要かなど、決めなくてはならないことは多様にある。しかし、教育課程上、いつ、どこでやるかということは教師が決めることであって、子どもには任せられない。教師は、子どもたちが決められることはそう多くないことに気付かせる必要がある。逆に言えば、「どんなことに決まってもよい」ということを保障する問題が学級会で取り上げることができる内容になる。

さて、子どもたちに生活をよりよいものにしたいという意欲をもたせるには、三つの条件が必要だと考えている。①集団への愛着があること、②集団生活の問題に気付く目が育っていること、③自分たちで解決可能であるという自信と解決までのイメージ(見通し)がもてていることの三つである。たとえば、集団への愛着について言えば、家族への愛着がない人が、家族の問題を話し合うことができないのと同じように、学級への愛着がない子どもは、その生活を改善する必要性を感じないのである。

ここがポイント

生活向上意欲の三条件

①学級集団への愛着があること
②集団生活の問題に気付く目を育てること
③自分たちで解決可能であるという自信と問題解決までの見通しをもつこと

集団生活の問題に気付く目を育てる

学級会を活性化するためには、学級や学校の生活づくりの問題に気付く目を育てることからはじめたい。そのために、まず生活の問題を洗い出す活動から取り組ませたい。

たとえば、教室を見回してみたり、今のくらしを日課表などから振り返ってみたりする。そして、教室環境で不十分なところはないか、不便なところはないか、もっと楽しくできそうなことはないかなどを考えてみる。掃除道具がいつも散らばっているとか、学級文庫が借りられなくなっているとか、学級のボールが早い者勝ちで平等に使われていないとか、ゴミ箱がこんなところにあって嫌だとか、いろいろ考えてみるのである。つまり、学級という場や空間が、集団生活する場として、本当にくらしやすく楽しい場になっているかどうかという目で見るための活動や指導法を工夫してみるのである。

しかし、残念ながら、今の子どもたちには、生活を改善しようとする意欲が低下している。かつて日本が貧しかった頃は、みんなが夢に向かっていた。テレビ、冷蔵庫、洗濯機の三種の神器を求めるなど生活向上の意欲の固まりだったが、時代が変わってその意欲のない子どもたちには、生活改善の話合いができない。それは、大人も同じでたとえば、会社員も会社全体のことを考えて問題を発見できる社員が少

ないと言われている。学校の教師も同じで、自分の学級のことしか考えられず、学校全体のことには目が向かない教師、授業のことには目が向いても、子どもの生活には目が向かない教師など例示するに事欠かない。だからこそ、小社会とも言える学級や学校生活において、発達の段階に即して子どもたちが問題を自ら発見することができるようにする指導を、もっと重視したいのである。そして、もし教師の適切な指導の下に、生活問題に気付く目を育てることができたならば、これからの社会を主体的に生きていく上で必ず生きて働く力になるはずである。「教師は教える立場、子どもは教えられる立場」という固定観念にとらわれている教師もいるが、こうした活動を積むうちに、実は、子どもたちから教えられることも多いのである。

折り合いを付ける方法

安易に多数決で決めてしまうならば、よい話合いとは言えない。まして、話合いを勝ち負けにしてしまったならば、特別活動で育てたい態度とはまったく逆の態度を育てることにもなりかねない。世のルールがそうであるように、たとえ反対していたことでも、決まったことには従うということは教えなければならないが、安易に数で決めることは避けたい。ぎりぎりまで互いの意見を調整する努力をさせたいのである。その上でどうしても折り合いが付かない場合に、多数決の手法をとることがあってもよい。

ここで大切なことは、**折り合いの付け方のパターンを教師がいくつ知っているか**ということである。教師が折り合いの付け方を知らなければ、学級会などの意見集約は、子どもの偶然を頼りにするような極めて感覚的な指導になってしまう。

このことは、見方を変えれば折り合いの付け方がわからないから、子どもたちはただ賛成と反対を繰り返すことになっているとも言える。たとえば、3・11で被災したある避難所では、消灯の時間、お風呂に入る順番など、見事に折り合いを付けたという。このような折り合いの話合いを特別活動は育てたいのに、と考えると非常にもどかしい思いがする。

折り合いを付ける方法にはいくつかパターンがある。

①意見Aと意見Bの両方を満たすものを探す方法

②意見Aを中心にして、意見Bのよさを加味する方法

③意見AとBを合体させる方法
たとえば、サッカーをやりたいという意見とドッジボールをやりたいという意見がぶつかってしまった場合、サッカー型のドッジボールをするなど。

④意見AとBの発想を生かして新しいものをつくり出す方法
たとえば文集づくりで、学校生活の思い出について写真で残したいという意見と、言葉で残したいという意見の発想を生かして、写真俳句という方法を生み出す。

⑤サラダの盛り合わせ型の方法
これは、それぞれを縮小して、全部やってしまうもの。

⑥優先順位をつけて妥協する方法
たとえば、次回はドッジボールをすることにして、今回はサッカーをするなど。

司会の技術（多様な意見、整理や分類、まとめ）

アイディアが出てきたら、今度は司会の出番である。学級会を通して司会や記録の仕方などの技術を育てられるように、発達の段階に即し、学校全体で共通の指導をしていきたい。司会の役割は、人から意見を引き出して次につなぐことである。ただ人を指名すればいいのではない。いろいろな技術や配慮が必要になる。

その役割の一つめは、多様な意見を引き出すこと。同じ意見がいくら出ても混乱するばかりである。二つめは、多様な意見を整理や分類することである。三つめは、話合いのまとめ方を見通すことである。たとえば、いくつ決めるとか、優先順位を付けるとか、工夫やアイディアを見つけるなどと話合いのまとめを見定める必要がある。高学年では事前に話合いの流れをシミレーションして、ディスプレーとしての板書の仕方（板書計画）を想定しておくことにも挑戦させたい。ここで教師は、分類の方法や比較する方法をいくつかパターンとしてもっておき、適切な助言をすることができるようにしておく必要がある。

しかし、子どもたちに学級会や児童会で繰り返し話合いをさせているが、ややもすると、「労を多くして功少なし」になっている場合が少なくない。この考え方は、プールで二十五メートルをただ何本も泳がせても効率的に向上しないのと同じである。本当に力を付けたければ、

コーチが選手に「ここを意識して泳ぎなさい」とか、「重りを足に付けて泳いでみよう」などと、目的やテーマを与えて練習に取り組めるようにすることが大事である。

ただし、司会進行について、「自信がない」、「やりたくない」という子どもたちが多い実態の中で、指導の工夫も必要である。たとえば、低学年のうちは教師が司会をしてよい手本を見せることも大事なことである。大切なことは、様々な手立てを加えながらも、司会役を輪番制にしてどの子どもも経験ができるようにすることである。もちろん、不安を抱えている子には特に寄り添い、事前に実際に流れを確認しながら話合いをシミレーションしてみるなどしながら、一つ一つていねいに教え、励まし、期待をもって見つめるようにしたい。

司会の技術（多様な意見、整理や分類、まとめ）

ここがポイント

話の方向が逸れたときの対応

・今は、○○について話し合っているので、後で話をします

意見が行き詰ったときの対応

・自分の意見を出してみる

・○○さんによい考えがあるので、発表してください

・周りの人と二分間話し合ってください

・話合いのめあてを見ながら、もう一度考えてください。

賛成や反対が競合して決着がつかないときの対応

・賛成や反対の意見をまとめるような意見はないですか

・どうしても決められないので、多数決をしていいですか

似たような意見がくり返されるときの対応

・A意見とB意見をまとめるような意見はないですか

・この意見とは違う新しい意見はないですか

板書の仕方

・意見を縦に並べるのがいいのか。収束する他の方法はないか

・たとえば、くじ引きで決めるという意見が出たら、「くじ」と要約して書く

話合いの可視化～自治的な話合いの充実に向けて

今般の特別活動の学習指導要領は、「特によりよい人間関係を築く力、社会に参画する態度や自治的能力の育成を重視すること」を改善の基本方針として、目標や内容の改善を図った。その背景には、特別活動の望ましい集団活動が、いじめや不登校、小1プロブレムや中1ギャップなどの人間関係にかかわる問題の早期発見、早期解消ができるような土壌づくりに役立つという期待がある。また、学校教育法において「思考力、判断力、表現力」などが中心的な学力として規定されたことを踏まえ、特別活動ならではの思考力・判断力・実践力(表現と実行)を育てることも念頭において指導に当たる必要がある。具体的には、子どもの自発的、自治的な活動を中核に据え、次のような活動を重視したい。

ここがポイント

①必要な力が育つような自治的な話合い活動の経験を積み上げる
②話合いには、基本的なパターンがある
③ツールを開発する
④事前指導を原則化し、共通指導をする
⑤ディスプレー（板書や掲示）を工夫する

1 自治的な話合い活動の経験を積み上げる

まず、「意見を出し合う」、「比べる」、「決める」の一連の話合いの流れを話合いの段階を意識しながら、子どもたちが繰り返し経験できるようにすることである。その上で、発達の段階に即した適切な指導を通して、共に生きていくための「思考力・判断力・実践力（表現や実行）」を確実に育てられるようにする。

そのためには、次のようなことについての指導と助言を大事にしたい。

・それぞれの考えの違いやよさを比べやすくするために、「似た意見をまとめる」、「いくつかに分類してみる」などの考え方

・建設的な話合いにするために、「相手の意見を尊重した言い方」や「ただ反対でなく問題点を指摘して改善を求める」とか、「折り合うためには少し譲って、相手の意見を取り入れる」などの考え方

・多様な意見を生かす話合いにするために、「それぞれのいいところを合わせる」、「指摘された問題について改善点を示す」、「絶対賛成ではなくても条件付きで賛成する」「両方のいいところを取り出して、全く新しい考えを生み出す」などの考え方や判断の仕方

助言例 ※東京都新宿区立江戸川小学校「研究紀要」より

出し合う	絵や図を活用して発表する。	意見を絵や図で表すとわかりやすくて友達にも伝わります。
	実際にやって見せたり、実物を見せたりして説明する。	ここで実際にやってみて説明してください。
	身振り手振りを入れて話す。	やっている場面を思い浮かべて手を振って説明してください。
	例を挙げるなど、自分の思いを伝えようとする。(長く話す)	たとえば、どんなことに似ているのか説明してください。
聞き合う・わかり合う	意見に賛成し、考えを加える。	□の意見をよりよくするために考えを加えることはできますか。
	友達の思いを代弁する。	Aさんの代わりに説明できる人はいますか。
	問題点を指摘し、意見を求める。	□の意見に決まる前に、もっと考えておいたほうがよいことはありませんか。
	相手の考えをさらに深く聞く。	出された意見の中でもっと詳しく聞きたいことはありませんか。
	言葉を言い換え、説明し直す。	□の意見を実際の姿面に思い浮かべて説明することはできますか。
	相手の考えに共感しつつ、疑問点について質問する。	□の意見に賛成している人で、心配なところがある人は意見してみましょう。
	自らの意見に一部問題があることを伝え、よい考えを求める。	自分の意見で部分的に変えたほうがよいと思った時は、どこを変えたらよいか友達にきいてみたらどうでしょう。
	問題の解決策を示し、説得する。	意見をまとめるために友達に納得してもらえる意見を言える人はいますか。
折り合い・合意	安易な多数決を否定する。	意見がまだ十分に出ないうちに、決めてしまってもいいのですか。それぞれの考えのよさを見つけてみましょう。
	他の意見を新たに価値付ける。	友達の意見のよいところに気付いた人は考えを言ってみましょう。
	自分の考えを変え、異なる意見に賛成する。	友達の意見のよさに気付いたら、自分の意見を変えてもいいのですよ。
	いくつかの意見を合わせた新たな意見で合意を目指す。	いくつかの意見のよいところを合わせて新しい考えをつくることも大切なことです。
	条件を付けて賛成する。	部分的に言われれば□の意見に賛成するという考えの人はいますか。
	合意の必要性を主張する。	自分のことだけでなくみんなのことを考えましたか。 学級がまとまるために話し合っているのですからみんなで一つの考えを創り上げることは大切なことです。
	創意を気持ちよく受け入れる。	みんなの考えをきいて、今回は□の意見に賛成できますか。

効率のよい進行

- ●似た意見を一つにする …………似ている意見をまとめてみたらどうでしょう。
- ●意見をいくつかに分類する ……似ている意見同士にまとめるとわかりやすくなります。
- ●司会・進行を助ける ……………進め方について意見がある人はいますか。

2 話合いには、基本的なパターンがある

話合いには、一般的に次のような基本的なパターンがある。①意見を出し合ってから賛成・反対で決める、②原案について賛成、反対で決める、③いくつかの比べる視点で話し合って決める、④比べやすく分類・整理して話し合って決める、⑤決定後、アイディアを出し合う、などである。このことを基本とし、議題に即して、どのパターンで話し合うかを決めることも考えられる。

話合いパターン①

意見を出し合ってから賛成・反対で決める

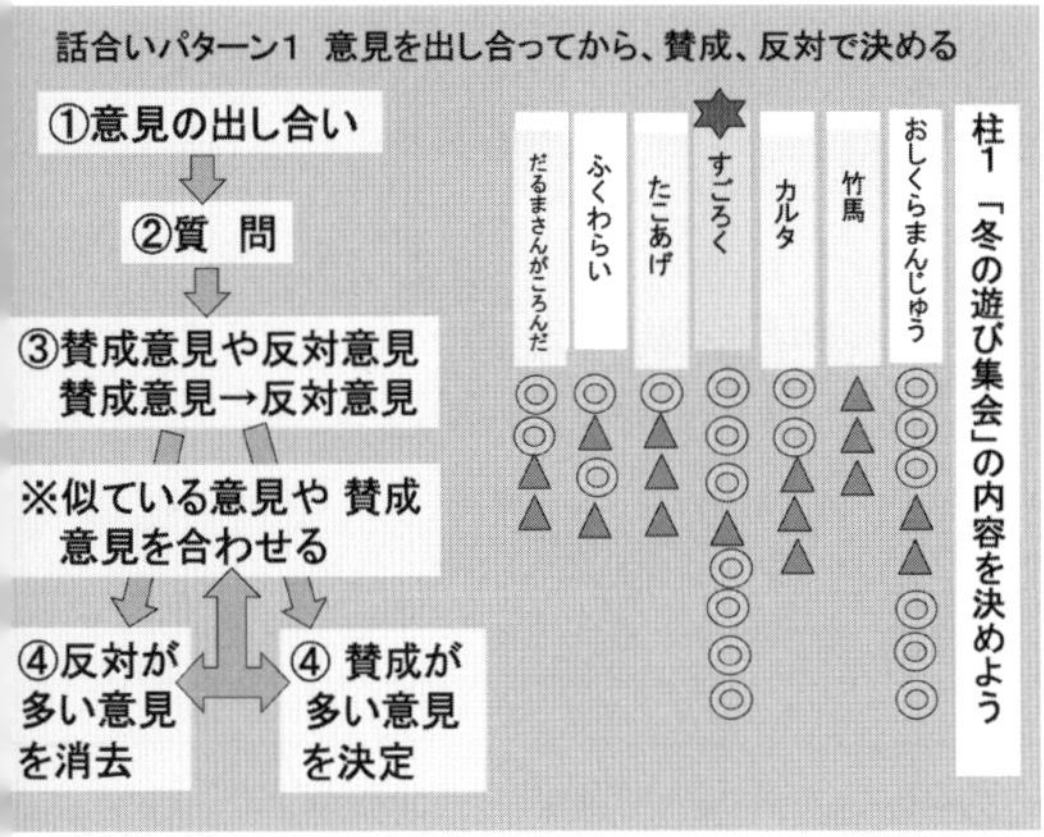

話合いパターン1 意見を出し合ってから、賛成、反対で決める
①意見の出し合い
②質 問
③賛成意見や反対意見
賛成意見→反対意見
※似ている意見や 賛成意見を合わせる
④反対が多い意見を消去
④ 賛成が多い意見を決定
柱1 「冬の遊び集会」の内容を決めよう
おしくらまんじゅう
竹馬
カルタ
すごろく
たこあげ
ふくわらい
だるまさんがころんだ

話合いパターン②

原案について賛成、反対で決める

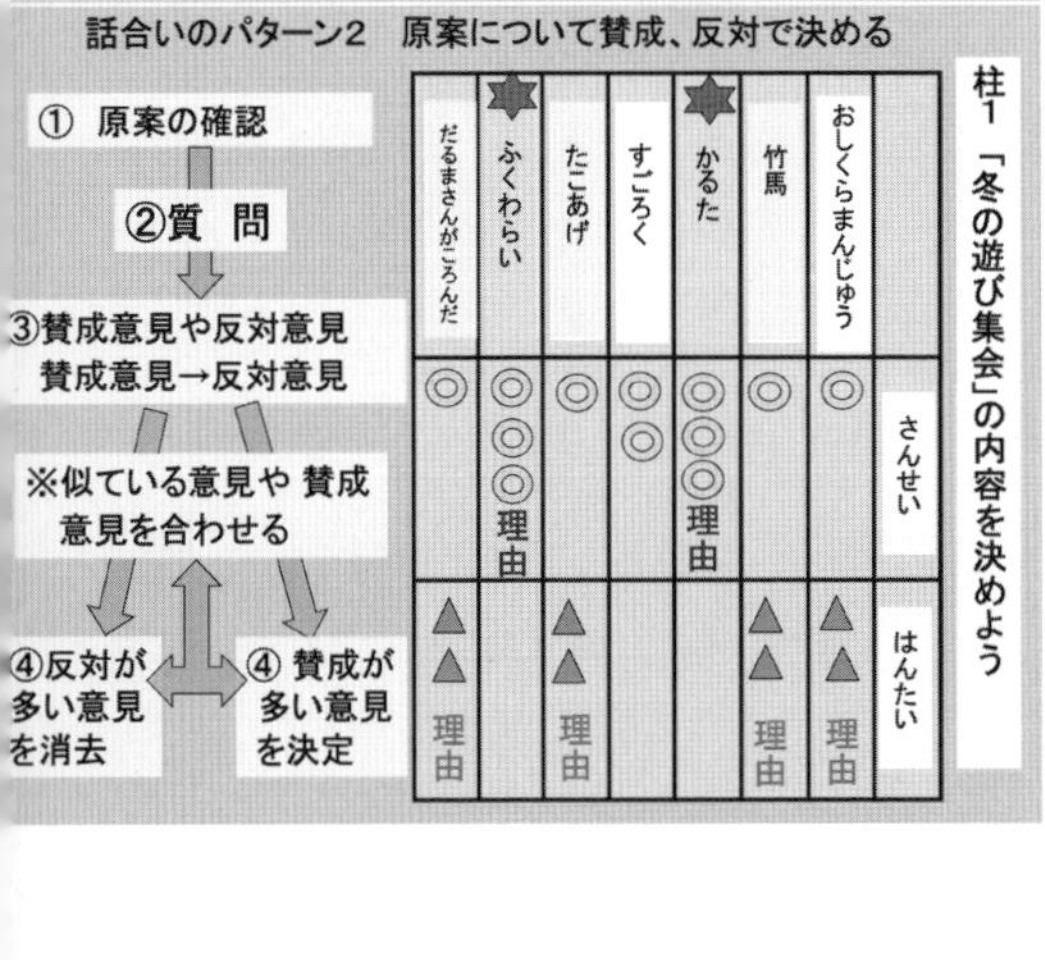

話合いのパターン2 原案について賛成、反対で決める
① 原案の確認
②質 問
③賛成意見や反対意見
賛成意見→反対意見
※似ている意見や 賛成意見を合わせる
④反対が多い意見を消去
④ 賛成が多い意見を決定
柱1 「冬の遊び集会」の内容を決めよう
おしくらまんじゅう
竹馬
かるた
すごろく
たこあげ
ふくわらい
だるまさんがころんだ
さんせい
はんたい
理由

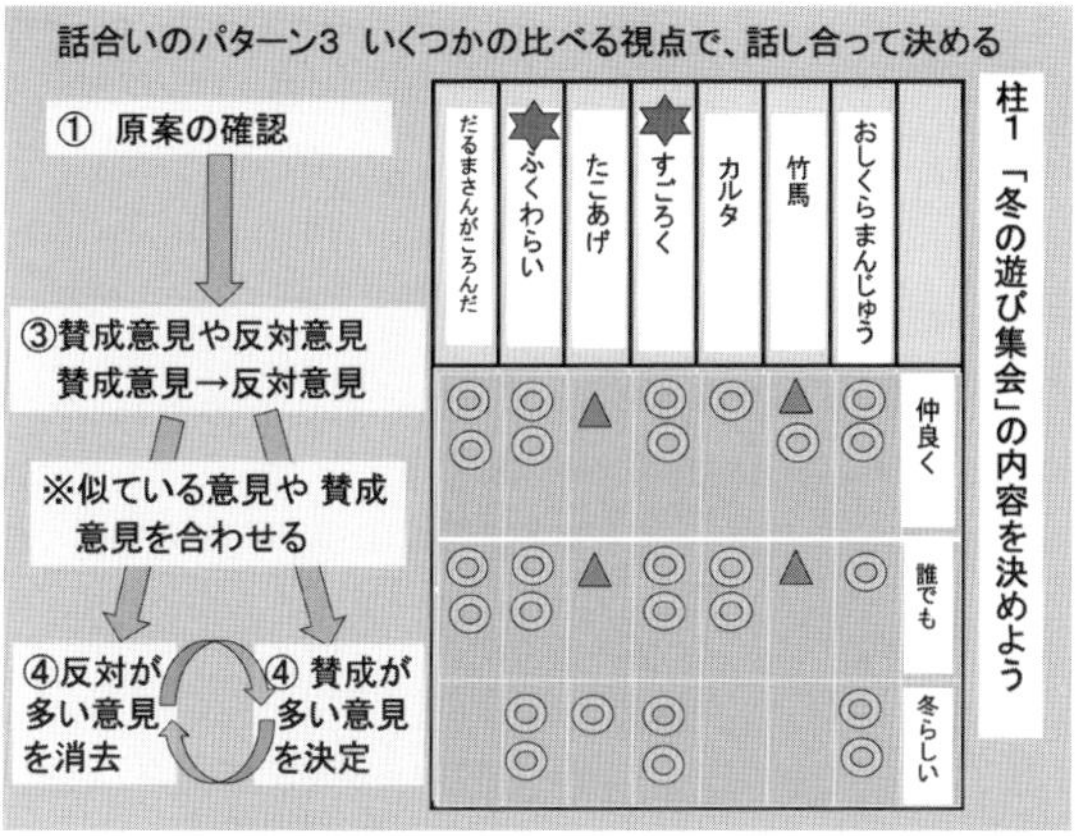

話合いパターン③

いくつかの比べる視点で
話し合って決める

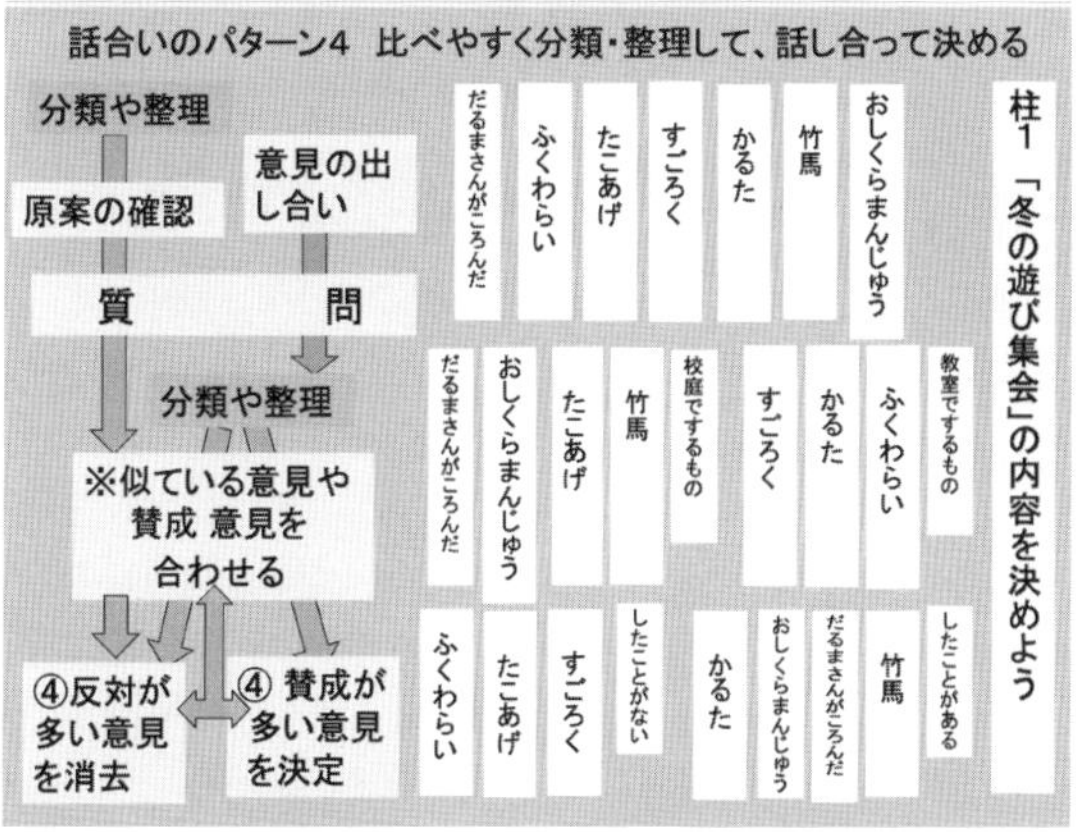

話合いパターン④

比べやすく分類・整理し
話し合って決める

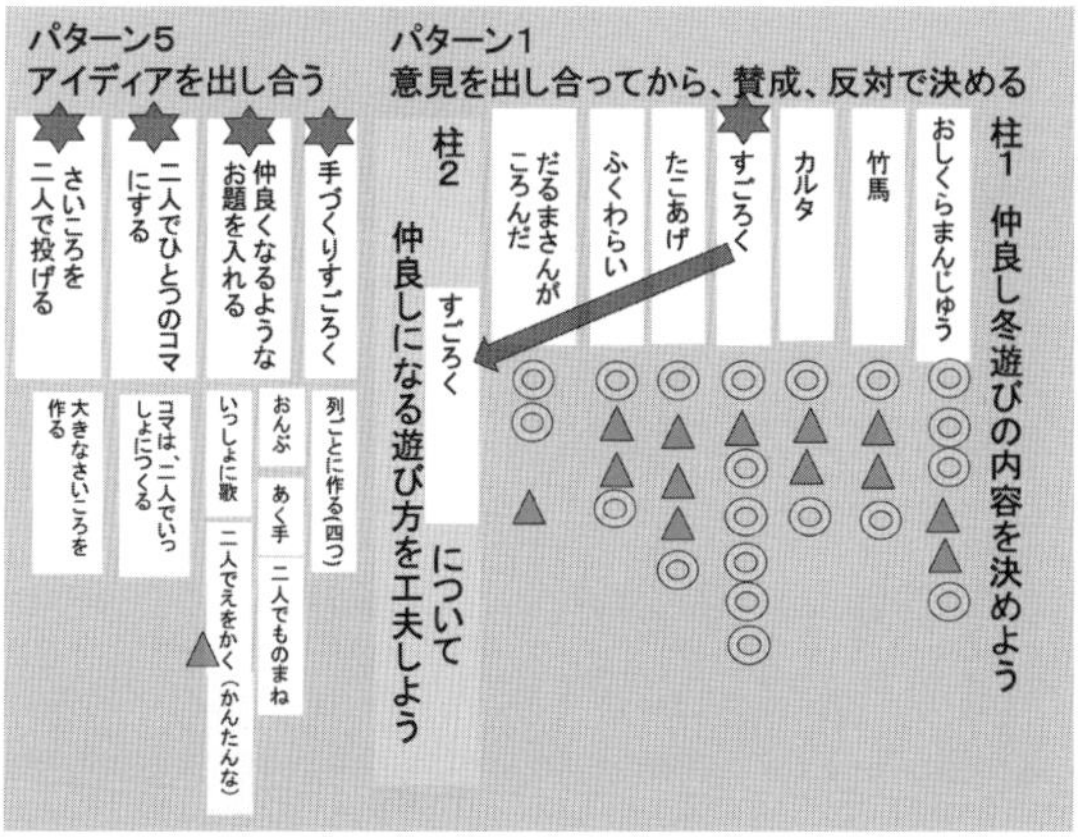

話合いパターン⑤

決定後、アイディアを
出し合う

学級目標の実現、（したい、つくりたい、解決したい）
情報提供・引き出す、ポストで、一斉に　など

どうしてもしたい（みんなにとっての切実感）
自分たちでできるか（現実性）・自治的な範囲

議題「○○をしよう。解決しよう。つくろう。」

柱の洗い出しと決定

①決めなければならないことの洗い出し

②教師が決めることの選別
○教師が決めること
☆児童に任せること

○☆	☆(○)	☆	☆	○(☆)	○	○
何のために	いつどこで	安全・金銭	教育課程の変更	何を	どのように工夫	だれが分担

③子どもに任せられることの確認

たとえば…

柱1	柱2
工夫を決めよう	分担を決めよう

④学級会の柱の決定
・みんなで話し合う必要性
・45分の時間をかける必要性

⑤準備することの確認

してみる　練習する　つくる　調べる

⑥見通しをもてるようにする
話合いをまとめるまでの手順
（表にまとめる）

⑦収束の見通し（話合いの活動計画の作成）

たとえば、理由を明確にして数で選び切る、何段階かで絞る、視点を意識して比べる、話合いの時間を意識して歩み寄る、三人寄れば文殊の知恵に、条件付賛成意見の提示など

○提案理由の作成
○決定事項の確認
○ディスプレー（板書や指示など）の工夫

［考え方］選ぶ、絞る、ランキングする、
折り合いを付ける（重ねる、条件を付ける）、知恵を出し合う

学級会の成否は、事前の指導（事前の活動）によって決まる。特に議題の収集と選定、子どもたちの話合いに任せることができないことの見極め、合意形成までの話合いの見通しをもつことなどが重要である。

一つの活動をやり遂げるためには、学級会を一度だけ行ない、そのほか日常的な話合いや準備などを繰り返すようにする。

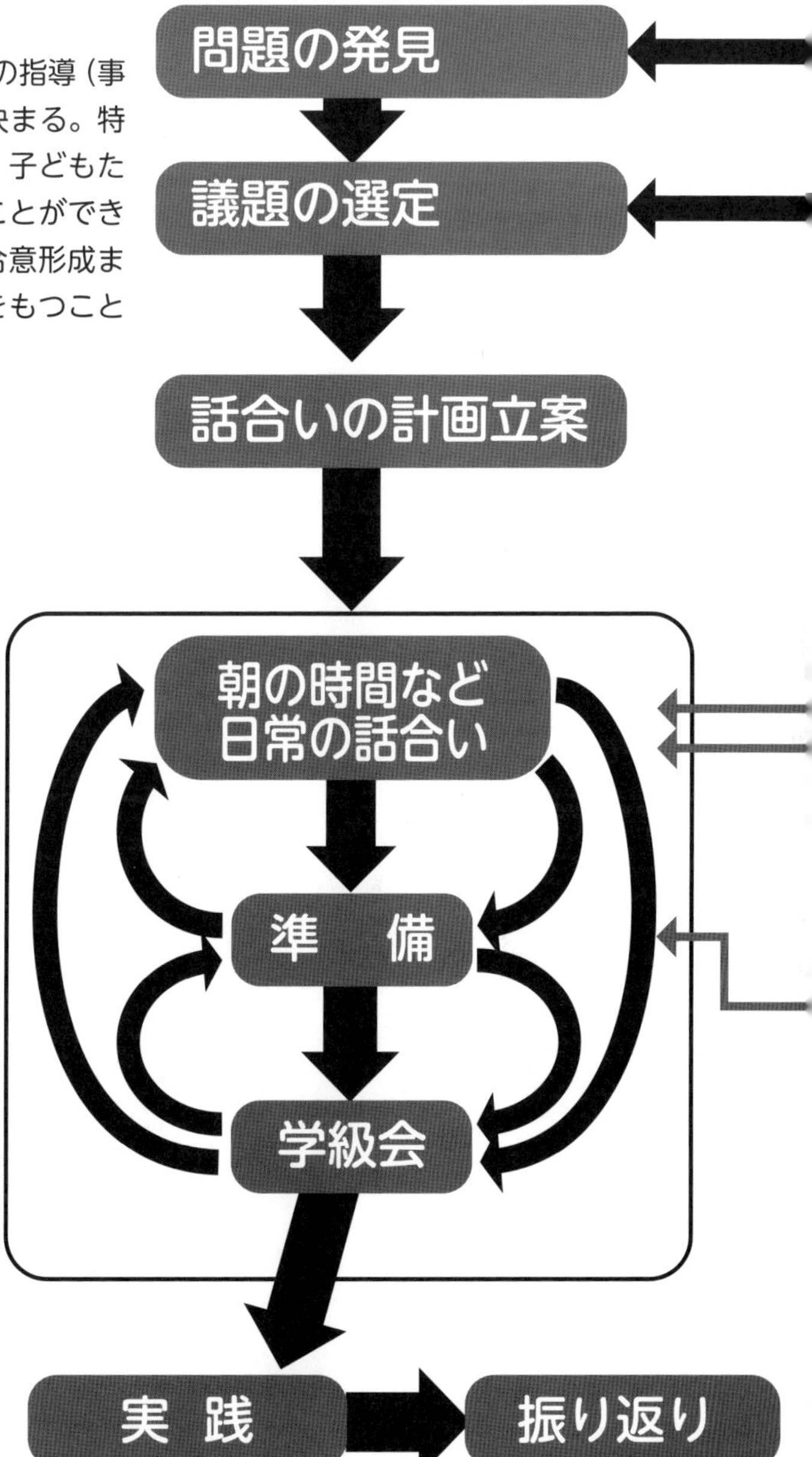
問題の発見
議題の選定
話合いの計画立案
朝の時間など日常の話合い
準　備
学級会
実 践
振り返り

3 ツールを開発する

合意形成するための道具としての各種ワークシートやノート、学級会グッズなども、学校として共通に活用できるようにするとよいだろう。

たとえば、六年生が異学年交流会の計画を立てる際、提案理由などからキーワード（話合いで考え、判断する視点）を取り出し、「一年生も楽しめる」、「六年生が高学年としてリーダーシップを発揮できる」、「一年生と六年生のよりよい関係がつくれる」、「準備が簡単にできる」などのいくつかの視点を示し、そのすべてを満たすアイディアを考えられるようなワークシートはその例である。他には、P36～P43の「発想を引き出す」ためのシンキングツールも参考になる。

4 事前指導の原則化と共通化の工夫

学級会の成否は、事前指導で決まると言っても過言ではない。そこで、たとえば、次のように一連の指導過程を明確にし、共通指導することができるようにすることも大切なことである。
・切実感のある議題を選定する
・決めなければならないことを洗い出す
・子どもに任せられることを見極める（児童の自治的な活動の範囲外の活動は教師が決め、子どもたちに決定を任せ切れることのみ選定する）
・学級会で取り上げる話合いの柱を決定する
・合意形式までの話合いの見通しをシミレーションし、提案理由を作成し、活動計画を作成する（64ページの図⑥⑦を参照）

5 ディスプレー（板書や掲示）を工夫する

子どもたちから出された意見をを可視化し、それらを話合いの流れに即して操作化し、合意形成(収束)までの流れがわかるように構造化していくことも授業改善の一つの視点である。

たとえば、次のページにある写真①は、第一学年の学級会の議題「みんなで遊んでなかよくなろうさくせん」で話し合った際の板書や掲示である。具体的には、以下のような工夫をしている。

話合いの可視化～自治的な話合いの充実に向けて

写真①

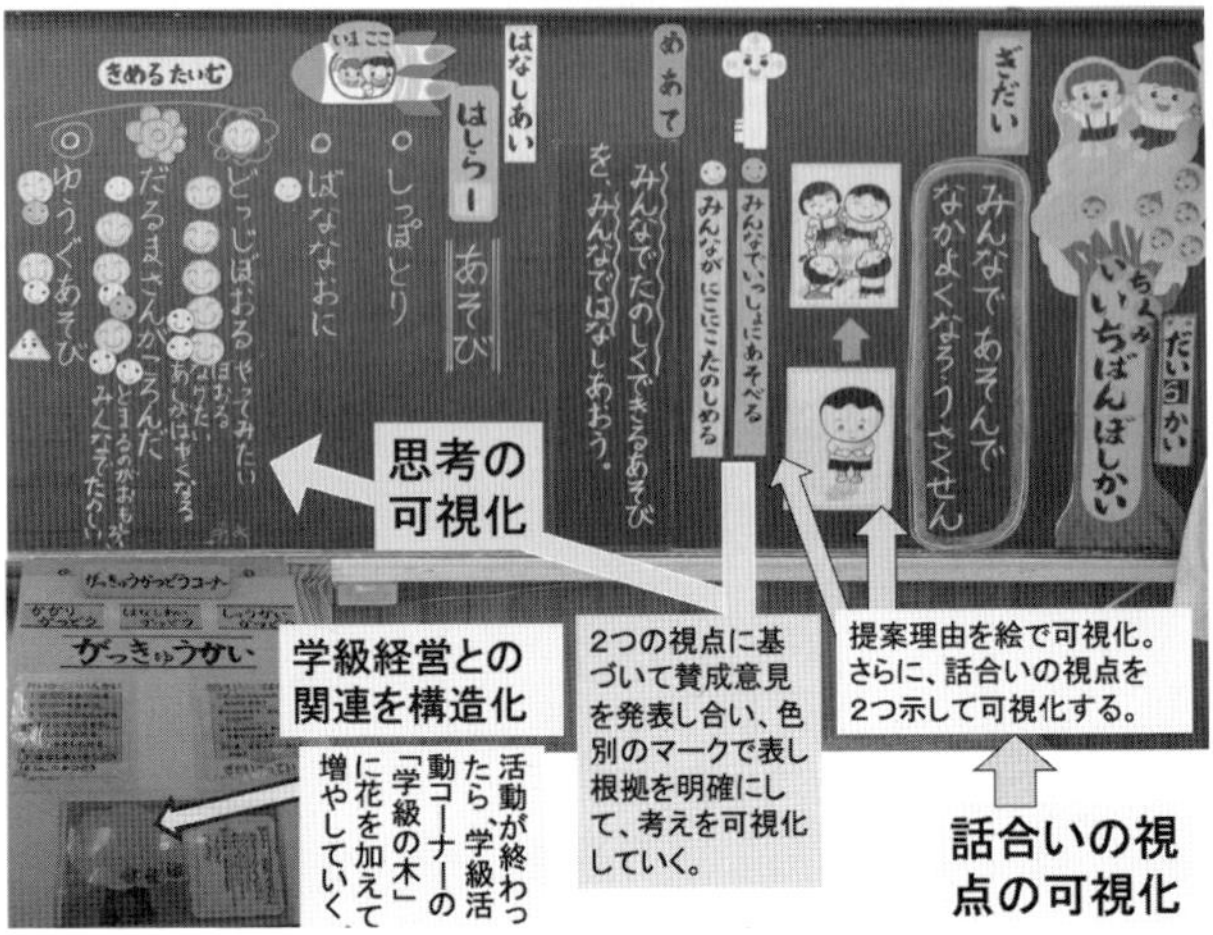
ぎだい
みんなであそんでなかよくなろうさくせん
めあて
みんなでたのしくできるあそびを、みんなではなしあおう。
きめるたいむ
はなしあい
はしらー
思考の可視化
学級経営との関連を構造化
活動が終わったら「学級活動コーナー」の「学級の木」に花を加えて増やしていく。
2つの視点に基づいて賛成意見を発表し合い、色別のマークで表し根拠を明確にして、考えを可視化していく。
提案理由を絵で可視化。さらに、話合いの視点を2つ示して可視化する。
話合いの視点の可視化

・提案理由を絵で表すとともに言葉で説明を加えることにより、一年生にも「何のためにする活動か」をわかりやすくしている

・話し合う視点を二つ示すことで根拠を明確にして考えられるようにし、これにもとづいて意見を述べ合い、それらを色別のマークで表すことにより、両方の視点からバランスよく賛成意見が出された「遊び」を決められるようにしている

・学級経営の視点から、この活動が終わったら学級会の木に花を一つ加えていき、一年間で花がいっぱいになるようにしている

写真②は、第六学年の学級会の議題「学級の旗をつくろう」の「旗にどんな言葉を入れるか」の思考・表現を可視化したカードを、どのように操作化して比べやすくできるかについて研修を深めた例である。写真②のうち上段の写真は、実際に学級会の授業での板書である。教師の「似たものをまとめてみましょう」の助言にもとづいて、子どもたちがＡＢＣの三つのまとまりに分類したも

学校の旗にどんな言葉を入れるか

写真②

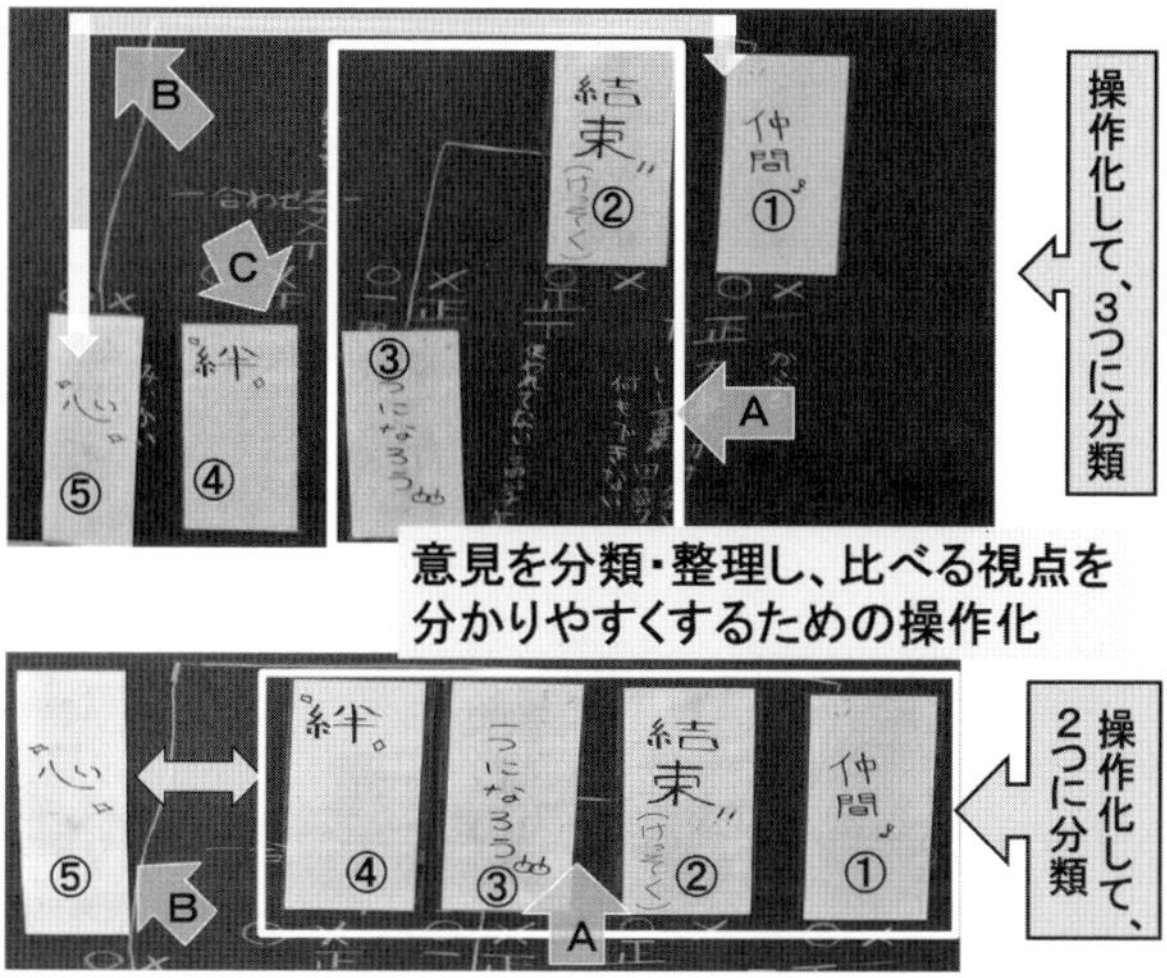
操作化して、3つに分類
仲間①
結束②
③一つになろう
絆④
心⑤
A
B
C
意見を分類・整理し、比べる視点を分かりやすくするための操作化
操作化して、2つに分類

のである。しかし、結果は、どの意見にも賛成と反対が出て決め切れずに終わった。

そこで、授業後の研修会では、実際に意見ボードを操作化しながら、助言の在り方に視点を当てて協議をした。その際、「仲間と似たものがありますか」と具体的に助言したら、子どもたちが下段の写真のように大きくAとBの二つに分類整理したのではないか、そうすることで次のようなよりよい集団決定をすることができたという意見が出た。

・Aのまとまりから一つの言葉を選んだり、「仲間との絆」のように、いくつか合わせたりするなどして、決定しやすかったのではないか。

・Bについては、「心を合わせて仲間との絆を深め、一つになろう」などのように、なるべく多くの人の意見を生かした組み合わせをつくるという考え方も出てきたのではないか。

このように子どもたちの思考・表現を可視化し、操作化することは、子どもたちが比べたり考えたりする視点

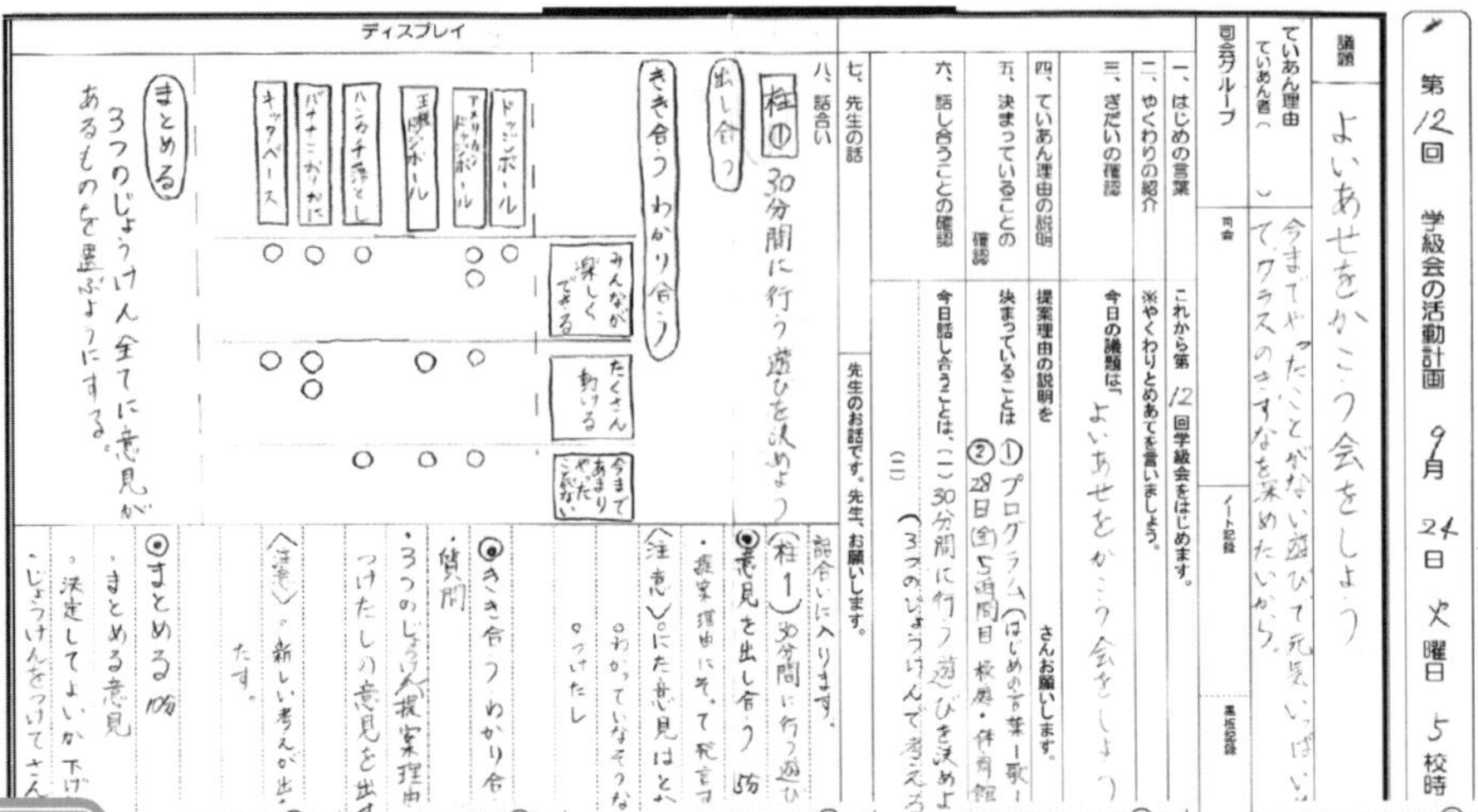

①提案理由を決める。学級の実態にあった内容で、収束にむかう手立てにする。

②プランニングシートを参考にして、項目を書き出す。話し合う柱を決める。

③自治の範囲内で、計画委員会で決めたことを、事前に学級全体に伝える。

④事前に出た意見の分類・整理をしておく。

⑤活動計画書にディスプレイ計画と進め方を書く。

学級会本番

が明確になる。

また、学級会での子どもの思考の流れをシミレーションしながら板書の在り方を研究することは、学級会での子どもたちの話合いを適切な助言ができるような指導力を高める上で有効である。

もし、高学年において、子どもたち自身が学級会における思考の流れをシミレーションすることができれば、学級会の活動計画の中に、板書計画を盛り込むことも考えられる(上の表参照)。

これを構造化と呼ぶならば、子どもたちの思考・表現の可視化、操作化、そして構造化は、今後の話合い活動の研究の方向性を示すキーワードになると考えられる。

活動を振り返る方法

活動全体を振り返る方法には、①その場で振り返る、②後日、一人一人が発表して振り返る、③長期の取組を視覚的に振り返るなどが考えられる。

1 その場で振り返る

活動が終わったその場で振り返る方法のよさは、簡単にリアルタイムで思いを言葉で残したり、伝え合ったりすることができるところにある。具体的には、次のような方法がある。

①カードなどに感想を書き込む
②何人かの代表の子どもが感想を発表する
③ペアを組み、お互いによいところを伝え合う

②や③の方法は、口頭による振り返りなので、消えてしまうマイナスがあるが、時間がかからないメリットがある。①の感想カードは、コンパクトにひと言で書けるようにし、残していくことができるようにするとよい。①の「書く」と②や③の「話す」を組み合わせることも考えられる。

2 後日、一人一人が発表して振り返る

少し時間をかけて振り返りたい場合には、この方法で行う。ＢＧＭを流しながら発表するなどの工夫をしたい。この場合は、子どもたちが「共通の視点で振り返る」、あらかじめ「書いて振り返る」、「話して伝え合う」ことができるようにすることが大切である。たとえば、「個人の目標を振り返る」、「学級の目標を振り返る」などが考えられる。

ここがポイント

道徳的実践として特別活動の目標の「自己（人間）としての生き方（在り方）についての考え（自覚）を深める」ための振り返りにするためには、次のような項目のカードを用意するとよい。

○特に努力したこと
○その結果感じたこと、大切だと思ったこと
○今後の生活に生かしていきたいこと

3 長期の取組を視覚的に振り返る

長期の取組を振り返る場合は、一連の活動を通して活用したワークシート、その時々の活動の様子を撮影した写真や映像などをポートフォリオにしていくことが考えられる。

理想としては、特別活動全体の学級活動に限らず、クラブ活動、学校行事、児童会活動など自分の一年間の活動のすべてを一つのファイルに残していくとよい。

その際、デジタルカメラを積極的に活用したい。たとえば、教師が画像を入れた振り返りカードなどをつくって、子どもがそれを残していき、最後にたまったカードをとじるのもよい。

また、学級会の板書を撮影して、その画像を配布しておけば、話合いから実践までの活動全体記録を残したり、それらを見て活動を振り返ったりすることができる。これもアイディアの一つとしておすすめしたい。

ビデオ収録の実践～

長縄跳びの例

私がいつも講演会で会場のみなさんに見てもらう長縄跳びの映像がある。ある学級が団結力を高めるために、全校長縄大会に向けて、千回跳びに挑戦した記録を撮影した映像である。

最初は集団としてのまとまりもなく、ただ跳んでいる映像からはじまっている。跳んだ回数も数えなければ、誰かが失敗しても知らん顔をしている。

その後、得意な子が指示・命令をするような取組になってしまう場面、その得意な子が失敗をしても「自分はセーフ」などと言い合い、励ましの声をかけない場面、その得意な子が泣き出す場面、このことを反省し、話合いをして教え合い励まし合いをすることを決めた場面、しかし、記録が伸びず、練習をまじめにやらない子どもも出てきて、ついに「やめたい」という声が上がった場面、再び話合い「もう一度頑張ろう」と決意した場面、その後の教え合いの場面、励まし合いの

場面などが映像に収められているのである。

いよいよ最後の挑戦の日。順調に回数を重ね、六百回に近づく頃になると、子どもたちから長縄を回している友達を気遣う言葉が出るようになる。やがて子どもたちは見事、千回を達成する。それでも子どもたちは、まだまだ跳べると頑張る。子どもたちは記録に挑戦しながら、何回まで跳ぶかを話し合った。そして、2012年という年に合わせ、2012回を跳ぼうと決め、見事に跳び切った。子どもたちの笑顔、笑顔が写し出されている。最後は円になり肩を組み、互いに讃え合う姿で記録が終わっている。

この間、教師の様々な支援を受け、子どもたちが話合いと実行を繰り返しながら、少しずつチームになっていく様子がよくわかる。この映像を使って、振り返りが行われたことは言うまでもない。ぜひ参考にしたい例である。

教師のハートとセンス

六年生のある教室で、子どもたちの発案による「私の宝物紹介」という集会活動が行われた。輪になって座った子どもたちが、順番に自分が大切にしている宝物を手に、エピソードを交えて紹介をしていく。たとえば、六年間使い続けた野球のグローブを掲げ、「これが僕の一番大切なものです」とか、亡くなった祖母からもらったアクセサリーを手に「おばあさんの形見が宝物です」などと、エピソードとともに自分の宝物が語られる。子どもの家庭生活の一端が垣間見える、プライベートでリアリティーのある話題に、子どもたちは興味津々と聞き入っていた。そんな中で、ある女の子が何ももたずに立ち上がり、次のように発言した。

「私は宝物をもってきませんでした。なぜなら、私の宝物は、隣に座っている A 子さんだからです」

その女の子は転校生だった。「今までなかなか友達ができなくて、学校が楽しいと思ったことがなかった。でも、A 子さんが友達になってくれて、学校が楽しくなった。それ以来、友達が増え、勉強も頑張れるようになりました。だから、私の宝物は A 子さんです」

この実践から学べることは、何だろうか。教師の中には、すぐにも友達を宝物として紹介させようとするかもしれない。しかし、大切なのは、形ではなく、そこにかかわる先生の働きかけや、人間性（ハートとセンス）がどうであったかという指導力の本質である。転校生の彼女がこのように発言する背景には、教師による適切な指導があったにちがいない。どのような指導をすれば、このような発言が生まれる土壌づくりができるのだろうか。それは偶然起こっているのではない。子どもにそのようなことを言わせるような先生の指導力について真剣に考えてみる必要がある。

特別活動の原点は、望ましい集団活動を通して人間を育てることにある。一人の子を学級活動の体験を通して育てるということはそんなに簡単なことではない。しかし、教師の適切な指導によってそれをすることができるのが、特別活動の醍醐味と言えるだろう。他の職業ではなかなか味わえない、教師の喜びでもある。

第3章

学級活動(1)
生活づくりのための係活動・集会活動

係活動で楽しい学級をつくる

係活動を組織する際に注意することは、特に低学年の学級の場合には、学級という生活の場全体に目配りできるようにすることである。まず、仲のよい友達ではない他のグループに目を向けさせることからはじめることが必要となる。自分の周りの外側にいる子どもたちの存在に気付かせなければ学級全体に目が向けられない。そして、「学級」や「教室」という言葉を主語にした活動に取り組むことが大切である。

低学年の場合によく見られるのは、たとえば、A君は窓を開ける係、Bさんは黒板を消す係など、係活動が当番的で一人一役のようになっているケースである。特別活動は集団活動を特質としているが、個人が一生懸命に活動することからはじめるとしても、なるべく一年生の後半の段階から、二人一組のバディや二つのバディを合わせた四人グループなどに集団化して、そこで自分たちで創意工夫して楽しい学級生活にするために協力して行う係活動にしていくことが重要である。

◆係活動を組織する手順の例

①前年度の学級で行った係活動の内容発表会をする（朝の会などを使って、少しずつ）
②当番活動と係活動の違いを指導する
③どんなことをしてもらう係がほしいかの「活動探し」をし、「係活動でこんなこともできるよ」の資料にまとめ、係を決める話合いの計画を立てる（計画委員会）
④必要な係を決める（全体の話合い活動）
⑤係の所属を決める（全員が、原則として希望の係に所属できるようにする）
⑥係コーナーをつくる（やる気をそそり、アイディアを引き出す魅力あるコーナーを設置する）
⑦係名を工夫して決めて、活動計画を作成し、ポスターにする（共通の記入事項について、計画委員会で決める）

1 係の見つけ方と係決め

学級には、どんな係が必要であるのか。

低学年に限らず、「活動探し」にかなりの時間をかけたほうがよい。そのとき、係を見つける方法として、自分のよさを生かす視点がポイントになる。「あなたの趣味は何？」「どんなことが得意なの？」というこことをフレームにして、そこから考えられるようなワークシートをつくるとよい。学級目標に照らしながら、それをもとにして子どもたちと対話しながら、何ができるかということを模索していくのである。そうすれば、子どもたちは発想しやすい。

どんな係が「必要か」という場合の「必要」という言葉を、教師がもっと噛み砕いてやることも、子どもたちの発想を得られやすい。つまり、どんな係があれば、みんなが仲良くなるか、便利になるか、楽しくなるか、という言葉に言い換えてやればよい。ただ、学級の生活に必要なものという必要性には、利便性や楽しさばかりではないことも、子どもたちが気付けるようにしたい。たとえば、「どんな係があれば、困った人が助かるか」という視点である。「おなかが痛い子がいたら、保健室に連れて行く人がいるといいんじゃないかな」と示唆を与えれば、子どもの中から「保健係」という言葉が出てくるだろう。係を見つける場合には、たとえば、次のような考えを子どもたちがもてるようにしたい。

ここがポイント

①自分たちの学級には、こんな係が必要だ
②自分なら、学級のためにこんな係で頑張れる

◆活動探しのワークシートの例

自分のよさ

- 得意なもの
- 何が楽しいか
- 趣味
- チャレンジしたいこと
- みんなが仲良くなれるもの
- 係があると便利なもの
- 何ができるか
- 係があると困った人が助かるもの

係活動に興味が向くようにするためには、前年度の学級で行った係活動の内容発表会だけでなく、今まで担任してきた学級の係活動でつくられた副産物を活用する方法もある。たとえば、漫画、おもちゃ、ゲーム板、新聞、賞状、ペンダント等々。それらをさりげなく教室に置いておくとよい。翌朝、学級が大騒ぎになるはずだ。そして、「これ何だろう」、「どうやって使うの」、「誰がつくったの」などの質問が出てくるのを待つのである。

質問に答えながら、「係活動って楽しそう。自分たちでいろいろ工夫できるんだ」といった興味や関心をもてるようにするとよいだろう。とにかく、何となく係活動をはじめるのではなく、事前に係活動へ十分な興味や関心を高めておくような、何らかの仕掛けや演出をしておくことが大切である。

2 係への所属

子どもたちにとってもっとも大事なのは、どの係に所属するかである。だから、教師が係の所属先を決めるのは論外である。教師主導ではなく、あくまで本人の希望を最優先して所属を決める。所

属に不満をもってのスタートでは、やる前から活動が停滞することは目に見えている。

また、このような場は、「やりたいこと」が「できること」とイコールにならないことを教える機会にもなるし、男女が協力して一つのことを行うチャンスでもあるととらえておきたい。私の場合は、社会の実情と教育的な配慮から、男の子だけの係、女の子だけの係は禁止していた。ただ、希望優先では、人数がバランスよく決まることは期待できない。学級に必要な係と実際にやりたい係は、必ずしもイコールにはならず、たいてい次のような問題が起こる。

●人気の係に希望者が集中して人数が大きく偏る（希望者ゼロの係が出る）
●友達関係優先により、男女等の不均衡を生ずる（遊び仲間に分かれる）

教師はこの事態への対応を明確にしておく必要がある。まず、考え付くのは、事前に希望調査をしておくことである。こうすると混乱が少ないし、これらの問題への対応策も練りやすくなる。声かけをして事前に説得し、納得いくようにうまく調整しておくことも可能となる。

たとえば、「工作が得意のA君がおもちゃ係になったら、楽しいのができるよね」と期待したり、「Bさん、読書係になって読書案内や読書貯金通帳をつくってみたらどうかな」と具体的な構想を示して興味をもたせたりすることによって、意気に感じたり、関心をもったりして、むしろ進んで希望を変更する子も出てくる。もし、誰も希望しない係に自ら変更してくれた場合は、「Bさんが読書係をしてくれるそうです。次に決めるときは、Bさんの希望を一番にかなえてあげようね」と言えば、誰も反対はしない。また、引き受けた当人も気持ちよく活動できる。もちろん、納得しない場合には、無理に押し付けてはいけない。

◆事前に考えておきたい対応策

- 事前に調査をしておく
- その係に移ってくれるように頼む
- オールマイティーの子どもに頼む
- 一人が二つの係に所属することを認める
- 他の係と統合する
- 当番活動へ移行する

3 係に参加しやすい環境をつくる

係活動を軌道にのせて活発にするには、環境づくりも必要となる。係活動への所属が決まったら、真っ先に「係コーナー」を、子どもたちと相談しながらつくる。まず、「活動の情報やお知らせを貼り出す場」をつくる。次に、各係の専用の引き出しを備えたロッカーか机を用意して「係コーナー」にする。そして、子どもたちに「係活動をするのに、どんなものがあったら便利かな」と問いかけて、色紙やコート紙、マジック、のり、テープ、はさみ、輪ゴム、画鋲、掲示用磁石、リボン、電卓、ラジカセなどのわくわくするようなグッズをおく。作業台のようなスペースもすぐそばに用意するとさらによい。

そして、子どもたちの「わくわくする心」をくすぐるためのひと言を付け加える。「使いたいときには、いつでもどうぞ」。身近で使いやすい道具を目の前にすれば、子どもたちの係活動へのやる気も、アイディアもわいてくる。さらに、係活動自体に必要なものだけでなく、学級全体に連絡をする場合、係で活動したことをPRする場合、アンケートをとる場合などに必要なものをそろえておくことも考えられる。

4 係が活躍する場所をつくる

授業時数の増加や学校での生活場面の減少によって、どうしても係の時間や活躍の場が少なくなりがちである。せっかく立てた活動計画も、実際に行う時間が確保できなければ、すぐに係活動への関心が薄れてしまう。そこで、朝の会や帰りの会のプログラムにひと工夫する。たとえば、朝の会では、全校朝会などのない曜日、帰りの会では、会議などがない曜日に、係タイムをつくる。時間は五分間程度。その上で「使いたい係の人は申し出てください」と相談をもちかける。各係の希望に応える形で、クイズ、本紹介、ミニゲーム、今日の運勢、今月の歌など、係の活躍の場をつくる。その際、「係の中で交代して全員が連絡や発表ができるようにすること」を約束する。どの子にも活躍の場が与えられることが、自主的活動を学級全体に浸透させることになるからである。この他、「係コーナーの掲示を一週間に一度貼り替えよう」と呼びかけ、PR活動を活発にさせるのも工夫の一つである。

係活動コーナーに係からのお知らせやメッセージを貼っておいても、なかなか読んでくれないものである。そこで、朝の会や帰りの会を使い、活動時間をより多く確保したり、学級のみんなに対して係からダイレクトに連絡するようにしたりするとよい。

係活動が活性化してくると、たとえば、「○○係が発表会を開催しますので、集まってください」、「今日の昼休みに、一輪車大会をしますので、集まってください」などと、休み時間や放課後にイベントが行われるようになってくる。

5 係活動の再編

係活動をやり続けていると、一生懸命やる子どもと関心を失ってしまった子どもに分かれてくることがある。他の係がやりたいという子どもも出てくる。活動の停滞を防ぎ、活動を次に発展させるためには、係活動の再編も視野に入れる必要がある。係活動の再編は、学期に一回行うなどと型通りに考えるのではなく、子どもたちの係への関心が衰えを見せた場合など、教師が子どもたちの思いを大切にしながら再編するというように柔軟にとらえたほうがよい。なぜなら、係活動には、学級の生活づくりの関心を持続させるという目的があるからである。その場合、教師は、係活動がマンネリ化した場合の対策を事前に用意しておかなくてはならない。

係活動の再編にもセオリーがある。次の手順を間違えてはならない。

ここがポイント

①今ある係の成果と課題をはっきりさせる
②係の統廃合を行う
③新しい係を決める
④係のメンバーをシャッフルする

◆「係タイム」を組み込んだ朝の会や帰りの会の例

〈朝の会〉

一、学級の歌（学級の旗を掲揚しながら）……1分
二、三十秒間スピーチ（二人）……1分
三、係タイム（月、水、金曜日）……5分
四、係からの連絡……2分
五、先生からの話……1分

〈帰りの会〉

一、今日楽しかったことの発表……1分
二、係タイム（火、水、金曜日）……5分
三、ディベートゲーム（計画委員が司会）……2分
四、先生からの話……1分
五、学級の歌（学級の旗を掲揚しながら）……1分

集会活動を成功させる要点

集会活動を成功させるためのポイントは、次の四つである。

1、必ず全員が役割分担できるようにする

子どもには役割を与えて、誰もが何かで学級に貢献できるようにする。同時に、小学校の特別活動では、「場面リーダー」の考え方を大事にし、全員がリーダーを経験できるように、集会活動ごとにリーダーを変えるようにする。ときには、数人で活動したほうがはやいことでも、あえて学級の全員で分担することで、結果としてより楽しく、より深い活動に発展させることができるようにする。

2、活動の見通しをもたせる

子どもたちが活動の見通しをもてない場合には、途中で挫折することが多い。グループごとに活動の予定表を作成し、それらを教室に掲示して一つ一つチェックをしながら、計画的に活動に取り組むことができるようにしたい。

3、やりがいをもたせる

教師は、活動のゴールを演出する役目ももつ。やりがいのある大舞台にするため、観客を増やす、発表したものを冊子や映像にまとめるなど、よりよいゴールを演出できれば、子どもたちのモチベーションは維持される。

4、失敗に終わらせない

失敗に終わらせないことも大事である。どの子どもも自分の役割を果たすことができるように、特に課題を感じている子どもには寄り添いながら、教え助言し、認め励ますことを効果的に組み合わせたい。

このような教師の指導がうまくいったかどうかのバロメーターの一つに、子どもたちの反応がある。たとえば、自分の役割についてうまくいかなかったときに、子どもたちの口から出る言葉が判断基準の一つになる。「だから、やりたくなかった」という言葉か、「もう一度やったらうまくできると思う」のどちらの意味の言葉が聞かれるかで評価することができる。もちろん、後者の反応が出るような指導が求められる。その基本は、「教師が期待するから子どもが背伸びしてでも頑張りたい」というようなかかわりである。重要なのは、「期待している」と直接口にしないで、期待していることを伝えることができるような指導力である。

ある集会活動の実践
〜人間的なふれ合いを深める〜

これは、一つの目標に向かって協力してやり遂げる体験を深める実践であり、集会活動の一つである。

ある学校の六年生の学級には、不登校傾向の子どももやまったくしゃべらない子がクラスにいたが、あるとき、その学級で学級会の研究授業をすることになった。様々な取組を通して学級集団の歪みのようなものを解消したいと努力をしてきた先生の成果が少しずつ表れてきた頃、先生の思いを感じた子どもたちが、「一学期の終わりに、みんなが一つになることができてきたことを、さらにまとめるために何かをしよう」という提案をした。

その話合いでは、「三十一人三十二脚」と「劇の発表」の二つの意見が最後まで残った。運動が苦手な子は劇のほうがよく、表現の苦手な子は運動のほうがよいと言い合った。意見はほぼ半分に分かれ、折り合いは付かない。ただ、子どもたちの心の中には、しゃべらない子に配慮したいという気持ちがあった、つまり、しゃべりたくないのだから、三十一人三十二脚がよいと一方は考え、その子が何かを話すきっかけになるように劇をしたいと他方が考えたのである。

真剣な話合いの末に、しゃべることが苦手な子もいるから劇をし

たのでは、みんなで一つになれないという意見も多数あったが、それを乗り越えたいという意見に少しずつ傾いていった。「本当にみんなが仲良くなっていて、みんなが一体になっているのなら、恥ずかしいという気持ちを越えられるんじゃないか」という劇賛成派の意見が決め手となった。

私はこの授業の子どもの発言の一つ一つを重く感じた。劇をするということは、学級にいる寡黙な子どももしゃべらなければならないということである。非常に重い集団決定を、覚悟をもって決めたという感じがした。

実は、この授業の二か月ほど前に、こういう学級で話合い活動をするのは大変だという相談を受けていた。それに対して、私は「そういう学級だからこそ、学級活動を通して子どもたちを変えてほしい」とお願いをした事例だったのである。

この学級会の最も大きな成果は、様々な人間関係上の問題を乗り越えて、どの子どもも学級のみんなのことを思って真剣に考えたということであり、みんなで協力して目指せるような目標をみんなで見定めることができたということである。そして、何よりも、学級担任が子どもたちを信じ、この決定の過程をじっと見守っていたことである。

私は、話合いが終わった後、何もしゃべらない子どものそばに行って、「決まったことについてどうですか?」「よかった?」と聞いてみた。当然、何もしゃべらない。すると、隣の子が、「この子はね、ちょっとしゃべるのが苦手でね。この子もやりたいと思っているよ」と代わりに話してくれた。「そうなの?」と重ねて聞くと、声を出さずにうなずいた。いろいろと折り合いを付ける話合いの過程を通して、本来、この話合いは何のためにしていたのかについて、子どもたちがしっかりと理解していたことがわかった。この学級の場合は、不登校の子も何もしゃべらない子も、みんなが一つになることを実感することだったのだと思った。

後日聞いた話によると、劇をやった当日、何もしゃべらなかった子はその子なりに頑張ったそうだ。その後、少しずつ話すことができる友達を増やしていっているという。友達の思いやりが奇跡を起こしたと私は思う。まるでドラマのようだが、こんなドラマが起こるのが特別活動の実践なのだ。このような体験を繰り返すことで、子どもたちは人と人の関係の築き方や人権意識、思いやりなどを学んでいくのだと思う。

当番活動についても考え直してみる

当番活動も係活動とともに、指導次第では学級生活に張りをもたせ、楽しいものにするだけでなく、キャリア教育の視点からもきわめて重要な活動になる。子どもたちが自主的に活動しているかどうかをみる場合に、いちばん差が出るのがこの当番活動や係活動である。これらは、カリキュラム上、活動時間が確保されていないため、休み時間などを使って自分たちでやらなければ活性化することはないからである。これらの活動が自主的に活発に行われているということは、子どもたちが自分で自分たちの生活づくりをしているということになる。学校生活の主体は、教師ではなく、子どもである。子どもが活発に生活づくりをしている学級の教室からは、子どもの匂いがするものだ。しかし、ここのところ、教室は非常にきれいだが、子どもの活動の匂いがぜんぜんしない学級が少なくないことが気になっている。

特に気になるのは、「ぼくたちの学級」「私たちの学級」という言葉を耳にすることがだんだん少なくなってきたことである。同じ学級にいても、友達のグループと友達ではないグループに分かれている。つまり、身の周りにいる何人かにしか関心がない子どもが増えている。だから、当番活動や係活動をさせようと思っても、なかなか活性化することが難しい。

そこで、改めて係活動だけでなく、当番活動を考え直してみたい。みんなで役割分担し、自主的に活動する体験の場として当番活動をとらえ、「年度当初に決めるのが当たり前」という思考から「どうしてもする必要があるからやる」ものであるという発想をもつようにするのである。

1 当番の必要性について話合う

「当番って、本当にあったほうがいいの」と問いかける。担任も子どもも、学級にあって当たり前の当番活動について、改めてその必要性を問い直し、とことん子どもたちの話合いに任せてみることも考えられる。

もしかすると、へそ曲がりの子から「当番なんていらないよ、やりたい人がやればいい」という意見が出るかもしれない。でも、途中で口を挟まないで、いろいろと意見を交換すれば、最終的に必ず二つのことに気付くはずである。

ここがポイント

①学級に当番がないと困る
（ないより、あったほうがいい）
②分担し合うのが一番よい
（全員が仕事をしないと不公平だ）

2 合い言葉は「一人一役、一責任」

子どもたちがこの二つに気付くということは、教師の言いたかったことを、子どもたちが言ってくれたことになる。このようなやり方は子どもの自主性をはぐくむコツの一つになる。当番活動については、創意工夫を大切にする係活動とは区別して、「学級の仕事を確実に行わせること」を第一に考えて責任感を育てるとともに、「学級生活のために自分も確かに役立っている」という手応えが感じられるようにして、一人一人に存在感や所属感をもたせるようにする。

子どもたちは、「自分のできること探し」に一生懸命になる。それでも自分の係を見つけられない子や判断に迷う子が出てしまうときは、

当番活動についても考え直してみる

事前に児童数程度の仕事をストックしておいて、教師が助言しながら導くことも大事である。せっかく「やるぞ」と思った熱を冷ましてはならない。こうして決めた当番であれば、かなり真剣にやるし、学級生活への貢献も実感できる。特にその子が欠席して仕事が滞ってしまったとき、「あの子がしていてくれた」と、他の子も強く意識することになる。教師は、この機を逃さず、その子の存在の大きさを印象づけることを忘れないようにしたい。

このような活動をすることで、改めて「当番活動」と「係活動」の違いが理解できるようになる。もちろん、日直当番、給食当番、清掃当番についても、学級全員で分担して行う活動であることをしっかり意識できるように指導しておくことも忘れてはならない。「集団の一員としての責任を果たす活動」がしっかりと定着している学級は、規律やモラルが築かれている学級でもある。

◆子どもたちへの問いかけの例

「一人一役、一責任」を合い言葉にして、全員が学級生活に役立つ何らかの仕事を見つけてみましょう。それはどんなことでもよいのです。たとえば、係の活動でいつも散乱してしまうマジックの整頓をするといった、ちょっとした責任を一人一人が自分で見つけて受け持つのです。そして、全員が何らかのことで進んで学級のために役立つ仕事をするのです。一人一人が一週間くらいの間に見つけてみましょう。ただし、清掃当番は、学校で分担されているのでグループで順番にしていきます。給食当番は、する仕事が決められているので全員で交代します。だから、それ以外の仕事で、次のような仕事を見つけてみましょう。

- **毎日、だれかがしなければならない仕事**
- **一人で受け持つことができる簡単な仕事**
- **いつでも続けてできる仕事**

どうしても見つけられなかったら私に相談してください。一緒に探してあげます。また、私が大切だと思う仕事でやり手がない仕事があったら、日直当番の仕事にしてみんなで順番にしていきましょう。

当番活動についても考え直してみる

◆事前に用意した当番の例

- 鉛筆けずりの掃除
- 電気の消灯
- 手紙等の配布
- 窓の開閉
- 落とし物返し
- 魚のえさやり
- 黒板の板書消し
- 花の水やり
- 学級文庫の整理
- 雑巾の整理
- 行事黒板の記入
- 朝の音楽流し
- 学級ボールの管理
- 図書の整理

第4章
学級活動(2) 自己指導能力を育てる授業

学級活動(2)を成功させる8つのポイント
(食の指導を例に)

自己指導能力を育てる学級活動(2)の望ましい授業展開には、次の「8つのポイント」が考えられる。これは、学級活動(2)を進めていく上での教師の考え方(姿勢・備え)であり、指導の手順でもある。

〈8つのポイント〉

① **何を指導したいのか**をはっきりさせる
・扱う題材のどこを指導したいのかをおさえる

② **児童の実態**をしっかりつかむ
・問題はどの程度なのか
・問題を起こす原因は何か
・問題はどんな時、どこで

③ 指導したい**ねらい・目指す姿**をはっきりさせる
・今の実態をどこまで改善するのかを学級の実態に合わせて設定する

❶実態調査

❷指導方針を明確にする

〈(例)食の指導〉

・好き嫌いをなくしたい

特に学級の児童の実態は
・野菜類が多く残る
・食べず嫌い
・家でも、学校でも

・野菜を少しでも多く食べさせたい

※ ①～⑦（❶～❺）は指導案作成のポイント
⑧は実践化のポイント。
丸囲み文字 は中心となる評価の観点。

④ 中心となる **問題点・指導展開の方法** をはっきりさせる
・投げかけ、考えさせる中心的な問題を明確にする（導入・展開を重点に）
・導入―展開―結末の基本パターンを効果的に組みかえる

⑤ 展開終末 **自己決定の内容** を明確にする。
・「何を、どのように具体的に決めさせるか」をおさえる

⑥ 適切な **資料** を選ぶ
・いつ
・どこで
・何のためにを
活用するか明確に

⑦ しっかりと **自己決定** をさせる
・時間を十分に与える思考・判断の評価
・実際に実践できるような具体的な方法を決めさせる

❸題材名を決める
もっと野菜を食べよう
❹授業展開を決める

❺資料づくり
表・カード
など

思考・判断の評価

・苦手意識を変え、野菜の必要性を理解させる展開にする。

・苦手な野菜を含めた、自分でお弁当の献立を決めさせる。

・（導入）残菜量、嫌いな野菜種の資料
・（展開前段）野菜の健康への効果についての資料
・（展開後段）野菜の種類別の効果についての資料
・（終末）献立が書きこめる弁当箱の絵の資料

・自分の弁当の献立を決めさせる（苦手な野菜を工夫して取り入れ、栄養のバランスがとれるようにする）

学級活動(2)を成功させる8つのポイント

（特別活動は、実際に実践を通して学ばせることが大切）

⑧ **事後指導・発展指導**を重視する（実践の評価）

・努力したことによる成果（効力感）を味わわせる
・実践（評価）の場を明確にする（互いに認め合うようにさせる）
・特別活動の他の内容（児童会活動や学校行事）と関連させたり、その他の活動及び各教科、総合的な学習の時間などの活動と関連させたりする
・家庭の協力を得る（保護者との合同学習も考えられる）

実践の評価

・自分が考えた弁当に必要な食材を準備し、実際につくって、食する
・家庭科や総合的な学習の時間と関連させる

学級活動(2)の授業では、自己指導能力を育てるプロセスを大事にしたい。このことについて説明する際に、よく自分の「禁煙の取組」をたとえにして説明している。

実は私は、三十歳の頃に様々な方法で禁煙に挑戦したことがある。

たとえば、アメをなめる、禁煙カレンダーをつくりチェックを入れる、タバコをもたないようにするなどである。それは、まさに禁煙のための具体的な方法を自己決定しては努力するという繰り返しであった。その期間はひと月だったり、長くても半年間ほどだったりであったが、いずれも途中で挫折してしまった。しかし、努力している間は、効力感のようなものを感じられたので、また次の挑戦に向かうことができた。効力感とは、無力感(どうせやったって……)とは反対で「自分もやればできる」という感じ方である。

学級活動(2)の授業では、このような自己決定と効力感を大事にしたい。そのためには、子どもたちの問題意識を高め、適切な情報を提供しながら、できるだけ自分に合った具体的な方法を自己決定できるようにする必要がある。その際に前掲の「8つのポイント」を意識して指導するとよい。特に知識を教えるだけで、「わかったこと」や「感想」「お題目」だけ書いて終わりという授業にならないようにしたい。また、自己決定したことについては、頑張りカードなどを使って、一週間程度は努力できるようにしっかり見守り、その成果を実感できるようにしたい。仮に完全に問題が解決しなくても、「努力することは大切だ」という感じ方をもてるようにすることが大切である。次ページに、もう少し詳しい指導の流れを示したので、参考にしてもらいたい。

学級活動(2)の一般的な指導過程(食の指導を例に)

気付く

・個人差
・家庭との連携
・児童の実態
（精神面も）

1, 導入（問題意識をもつ）

・他人事でなく自分自身の問題に
・前向きに問題としてとらえさせる
・資料の焦点化・個人が特定される資料に注意
・「なぜ、どうして」から導入
（何かを例にとって、その素材は、それぞれどの仲間）
・栄養教諭とのTT（かけ合いの効果）
・関心を高め、考えさせる配慮
★「好きな食べ物、嫌いな物、その他、全体的には、こんな状況です」

「このことは、自分にとって何とかしなければならない問題だぞ」

さぐる

※学級の課題を焦点化（元気なお腹、野菜、丈夫な骨など）

2, 展開前段（原因の追求・必要感の自覚）

・改善点の気付き・原因の整理
・必要感の実感
・三つの役割。
★「バランスよく食べないとこんな問題があるよ。」
「バランスよく食べるとこんないいことがあるよ。」
「あなたの場合は、どれかな。（何とかしよう）」

「ここが（自分）の問題か。よーし！」

見つける

3, 展開後段（解決方法の追求）

・必要な情報の提供（消化不良に注意）

「こんな解決方法があるのか」

・情報交換の活用（子供同士）
・なぜ、どうして食べるといいの
・あなたの嫌いな○○もね…
・好き嫌いをなくすために何ができるかな
・情報提供、情報交換、自ら情報選択などの工夫
・その際、極力児童の自主的な活動を効果的にとり入れる
★嫌いを克服するための工夫をする

「自分は、この方法で努力するぞ」

4，終末（実践課題の自己決定）

決める

※単なる目標でなく、より具体的な実践課題に

・個に応じた情報の選択
・強い決意へ（かなりの努力が必要だ）
・本当にそれでいいの（突き詰める）
・自己評価できる内容に
・がんばること（感想でもいいよ）
★○○を○○の方法で食べるよ
友達も、先生も見てて

5，事後指導（効力感の実感）

する

・期間限定の原則
・自己決定の見直し、教師の助言
・級友の励ましの中で達成を

「問題は完全には解決しなかったけれど、効果があった。努力することは大切なんだ。」

教師は本当にいい仕事

この三月で退職をしたある中学校の校長先生の話である。

先生が若い頃は、家庭の事情等で、昼の弁当をもってこられない生徒も少なくなかった。ある弁当をもってこられない男子生徒のことをあまりにかわいそうに思った先生は、奥さんに頼み込んで弁当をつくってもらい、毎日欠かさずに渡したそうである。それが結局、三年間も続いた。

卒業式の日、その生徒が何か言ってくれるのではないかと期待していたのだが、何も言わずに彼は卒業してしまう。何か割り切れない気持ちが心に残ったと、先生は正直に言われた。その後、何度も同窓会があり、何度もあいさつの機会があったのに、そのことにはひと言もふれることはなかった。

その校長先生もいよいよ退職の年を迎えた。夏には、その学年の同窓会が開かれた。

彼は、中学生になった息子を連れてきていたが、先生が退職することを聞くと、いきなり先生の前に正座をし、息子に向ってこう叫んだ。

「お前もここに来て座れ。この先生がな、お父さんのことを一番大切に考え、一番お世話になったお父さんの金八先生だ！」

先生は、彼はずっと感謝をしてくれていたのだと、思わず目頭が熱くなった。同時に、恥ずかしくもあったとおっしゃった。振り返ってみれば、「教師としてこれだけのことをしてやっている」という思いがどこかにあって、毎日、毎日、ほかの生徒のいる前で弁当を渡し続けてきた。そういう自分が「本当に恥ずかしい」と。そして、「教師は、子どもたちに見返りを求めてはいけないのではないか」ともおっしゃった。

最後に、「でも、こういうことがあるから、教師という仕事は本当によい仕事だ」と締めくくられた。

授業だけでなく、生活をも教育の対象にし、全人教育をしている日本の学校には、このように正面から子どもたちと必死に向き合い、ともに悩み、苦しみ、喜ぶ先生方がたくさんいる。このような先生方の“頑張り”によって日本の学校教育は支えられているのだろう。

※食育の指導は、このような日常の教師の構えが大事である。

第5章

いじめ予防薬としての特別活動

いじめに強い学級をどうつくるか

1 いじめに強い学級とは

いじめや不登校、暴力行為などの学校内の人間関係の問題も深刻である。学校に関する意識調査では、約一割の子どもが「楽しくない」と応えており、調査によっては、約二割から三割の子どもが「学校が楽しいとはいえない」という。不登校にならないまでも「楽しくない」と思いながら学校に通ってきている子どもが少なくないのである。

小学校生活で一番楽しいことについては、調査によれば、クラブ活動や学校行事、友達との遊びなどが上位にあげられた。中学校生活で一番楽しいことも、やはり学校行事や部活動であった。しかし、このような子どもが楽しいと感じている学校行事もクラブ活動も大幅に減り続けている。残念ながら、「たかが特活」というとらえ方がなされているのが現実である。

いじめに強い学級を考えていくとき、前提となるのは、学級そのものをどうとらえるかということがある。今、人間関係づくりを主たる目的として縦割り活動など異年齢交流を行っている学校は多いが、直

ちにそれがいじめ問題の解消につながっているとは言えない。なぜなら、特に学級担任制の小学校において、いじめの多くは同年齢の子どもたちで構成される学級という閉ざされた空間の中で起こることが多いからである。また、長い期間にわたって人間関係や集団における位置などが固定化してしまいやすい単学級の学校でいじめが起こりやすいという実態もある。ときには、まじめに頑張っている子どもが、いじめの攻撃の対象になることもある。確かに、思春期になると、先生に反抗したり、決まりを守らなかったりすることがかっこよくみえることもあるだろう。

しかし、まじめで何が悪いのだろうか。私たち大人もつい、「まじめだから」と悪い意味で言いがちであるが、学校全体でまじめな雰囲気が認められるようにしなければならないと思う。学校行事にまじめに協力したり、児童会や生徒会の活動にまじめに取り組んだりする子どもがしっかりと評価される必要がある。

学級とは、子どもたちにとって学習の場であると同時に、生活の場である。学習の場でのトラブルがいじめにつながることもあるだろうが、生活の場で起こった様々なトラブルが陰湿化、潜在化、長期化して、いじめに発展していくケースが多いのである。ちょっとした悪口、

いじめに強い学級をどうつくるか

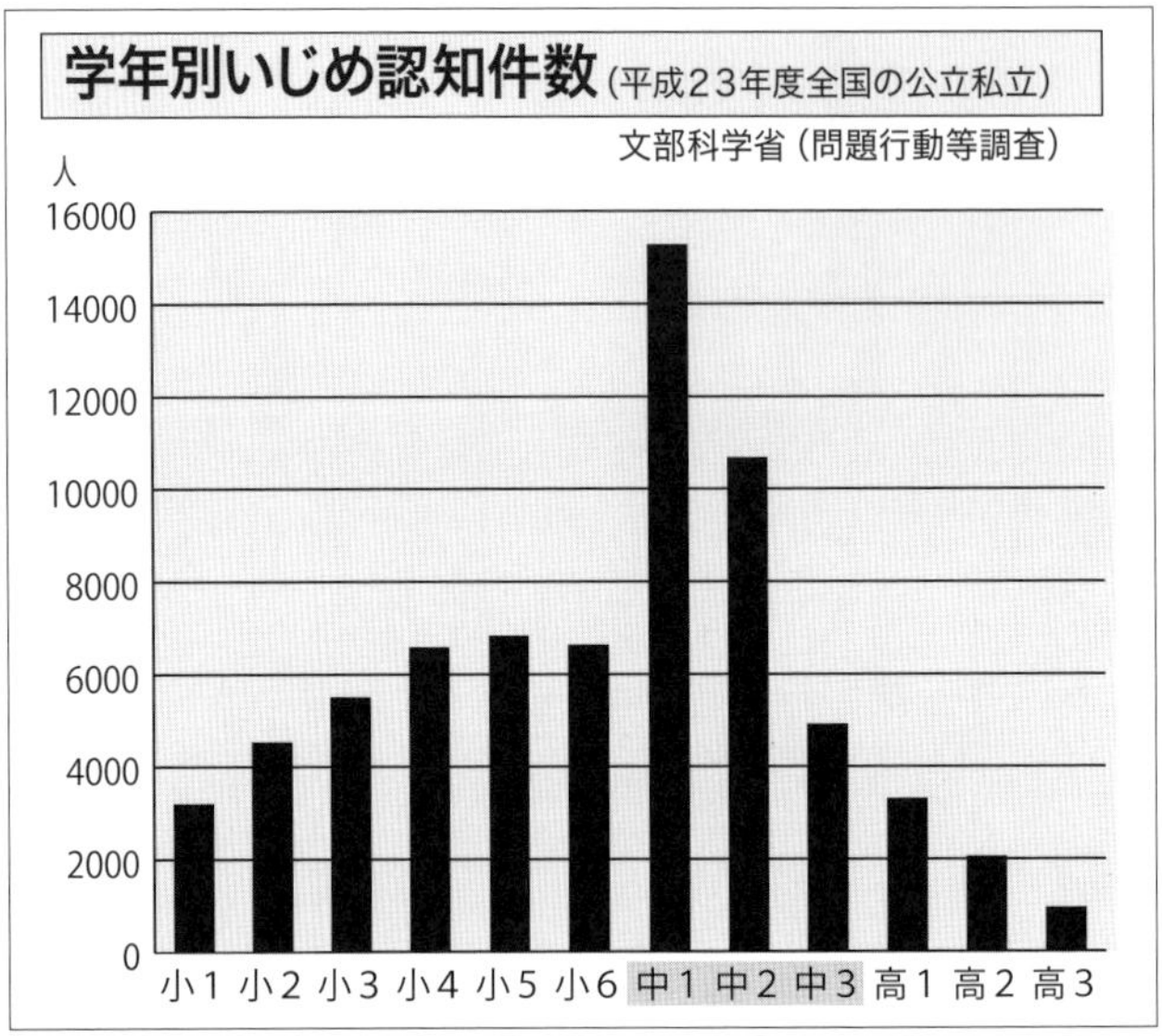
学年別いじめ認知件数（平成23年度全国の公立私立）
文部科学省（問題行動等調査）
人
16000
14000
12000
10000
8000
6000
4000
2000
0
小1 小2 小3 小4 小5 小6 中1 中2 中3 高1 高2 高3
学年別いじめ認知件数

いやがらせ、仲間外し、靴隠しといった段階の「いじめの芽」は、どこの学校や学級にも必ず起こる。

ただ、それが深刻な問題にまで発展するかどうかの分かれ目は、「いじめの芽」の段階で、教師や子どもたち自身が重大な問題ととらえることができるかにある。さらに、特別活動などの指導を通して、子どもたち自身がこのような問題に立ち向かい、集団を介して解決しようとする力が育てられているかどうかも極めて重要である。

ここでは、「いじめに強い学級」について、①いじめが起きにくい、②いじめが比較的早く発見されやすい、③いじめが起こっても早期に解決しやすい、という三つの条件に適う学級と定義付けたい。

①いじめが起きにくい

いじめが起きにくい学級とは、「モラルが高く、雰囲気がいい学級」である。言い換えれば、学級内で生活や学習のルールや生活の規律が守られ、人間同士の温かな交流がある

生徒指導面における児童生徒の状況

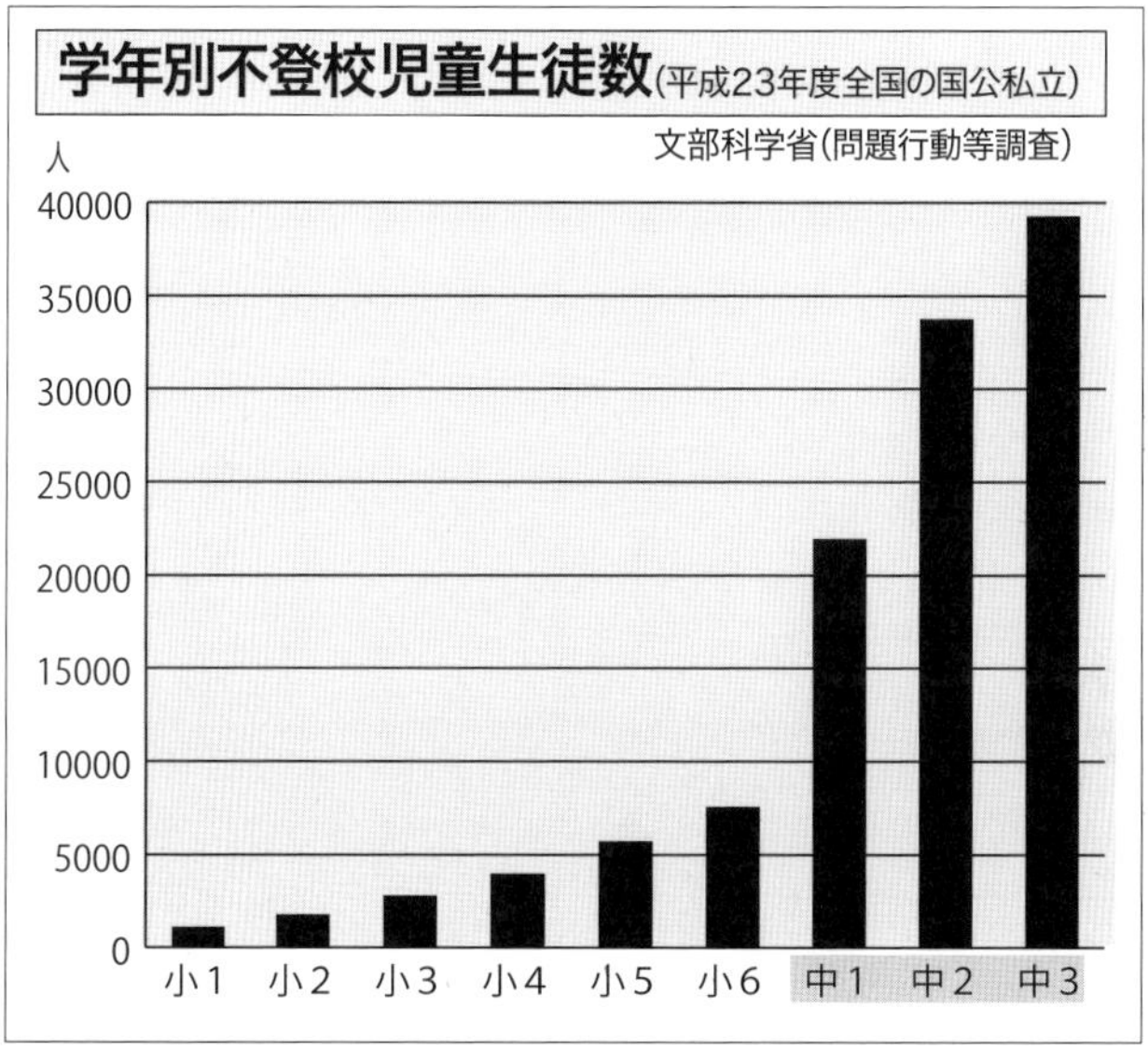
学年別不登校児童生徒数(平成23年度全国の国公私立)
文部科学省(問題行動等調査)
人
40000
35000
30000
25000
20000
15000
10000
5000
0
小1 小2 小3 小4 小5 小6 中1 中2 中3

学年別不登校

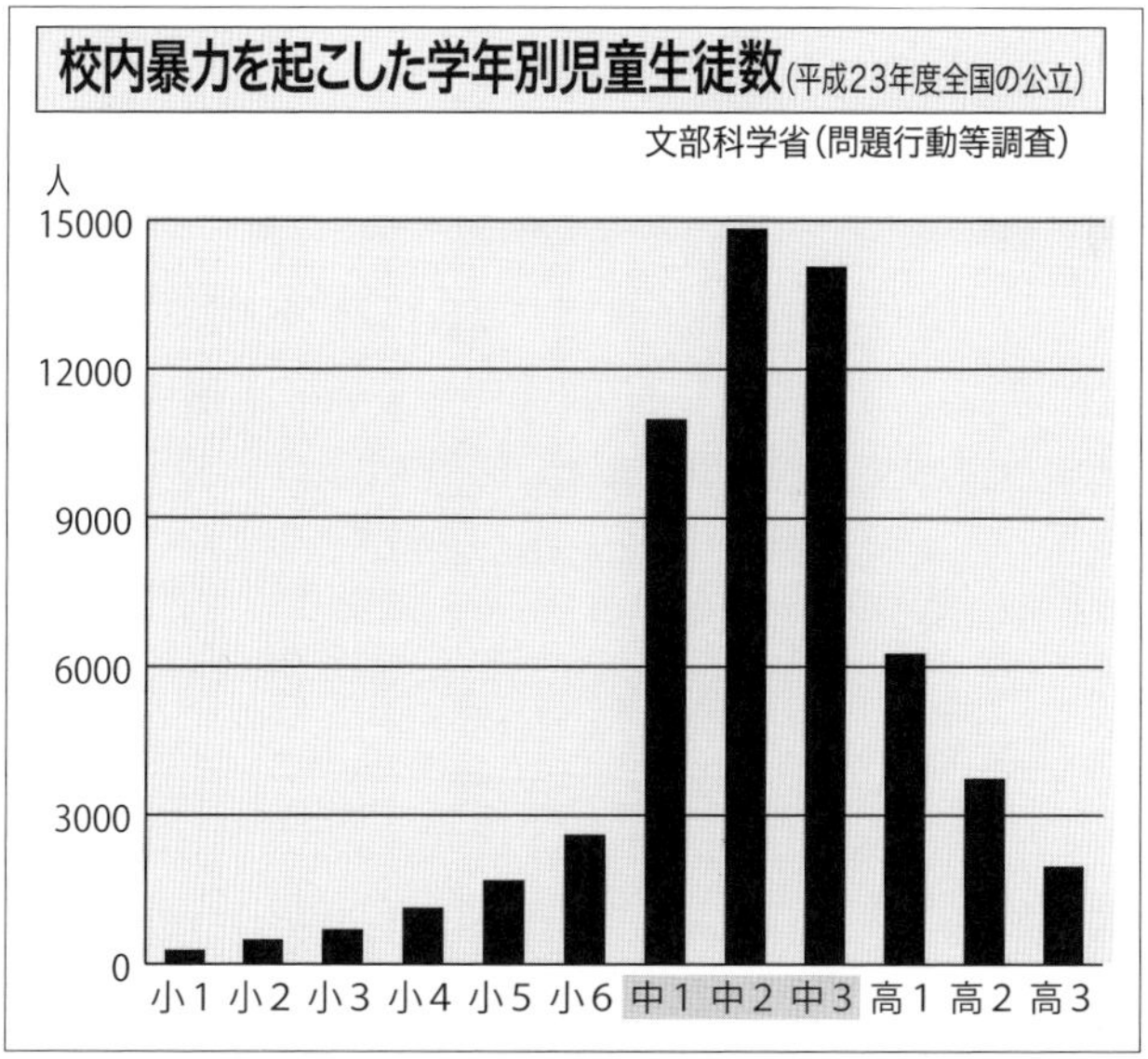
校内暴力を起こした学年別児童生徒数(平成23年度全国の公立)
文部科学省(問題行動等調査)
人
15000
12000
9000
6000
3000
0
小1 小2 小3 小4 小5 小6 中1 中2 中3 高1 高2 高3

校内暴力を起こした学年別児童生徒数

ということである。ＰＩＳＡ調査の分析結果では、「モラルが高く、雰囲気がいい学級」は例外なしに成績が高かった。そうした学級では、当然いじめの発生率も低いと予想される。

学級にモラルがつくられているかどうかは、教師の公平で筋の通った一貫した指導がなされているかどうかで決まる。教師が指導すべきモラルや規範を、常に子ども任せにしていたとすれば、弱肉強食のような子どもたちの行為がまかり通ることにもなりかねない。

わかりやすいバロメーターで言えば、よく泣いている子どもを見かける学級は、望ましいモラルがつくられていない可能性が高い。他者に「言ってはいけないこと」「してはいけないこと」などが示され、それが子どもたちによって遵守されていないことが予想される。大切なことは、いじめ防止の第一歩は、教師の学級のモラルづくりの指導である。

②いじめが比較的早く発見されやすい

いじめは子ども同士の関係の中で起こる。そこで起こった事実をもっともよく知っているのは、当事者とその周りにいる子どもたち自身である。よって、いじめがどの段階で発見されるかは、子どもたちが「いじめは卑怯なことである」と理解し、学級内で告発したり、問題提起をしたりできるかどうかで大きく違ってくる。

そういう意味で、早期発見のための機会や場が多様に用意されていて、いつでも、誰もが教師に気軽に知らせたり、問題提起したり、相談したりできるような子どもと教師、保護者と教師との関係がつくら

れていることが前提になる。その上で、互いに支え合い、認め合う人間関係が育っている学級は、いじめに強いと言える。

③いじめが起こっても早期に解決しやすい

子どもたちの心がすさんでいる中や問題解決力の乏しい学級集団の中でいじめが起こると、潜在化、長期化、深刻化する傾向にある。子どもの中に健全な平等感や正義感、人権意識が育っている学級であれば、担任のちょっとした指導も効果的であり、集中的な指導によっての改善などの成果も表れやすい。

そのため、日頃から子どもたちの問題解決能力が備わるような活動を随所に取り入れておく必要がある。そして、実際に子どもたちの問題解決能力が高まっていれば、意外と「いじめの芽」の段階で、子どもたちの中で解決しているケースも少なくないのである。

また、問題が表面化した際には、その初期段階での教師による子どもへの働きかけと保護者とのかかわり方が大切である。いじめ対応の指導は、ケース・バイ・ケースであるため、マニュアルの指導で効果が上がるとは言えないが、いくつかの効果的な方法を準備しておく必要がある。ただし、いじめの指導に特効薬があるわけではないので、日頃から意識的、意図的、計画的に指導しておくことが大切である。

2 多様なアプローチといじめのきっかけに注視する

いじめに強い学級をつくるためには、学級の実態に即して多様なアプローチを試みることが大切である。たとえば、「子どものSOSシグナルを見逃さない」ための工夫について、保護者との連絡帳のやりとりや子どものネットワークとしての交換日記や手紙の交換などに、担任も気軽に参加できるようにする方法がある。しかし、このことだけに取り組むというのではなく、ふだんから継続的に休み時間の子どもの様子を見て、一人ぼっちになっている子どもがいないかなどに注視するなど、多様な取組をすることが大切である。

また、いじめのきっかけとなるような場には、もっと敏感になる必要もある。たとえば、意外にトラブルの元となりやすいのが、席替えやグループ決めであることを理解しておくことも重要である。安易な方法でグループを決めたために、遠足に行ってから、子どもの人間関係が悪くなったということはよくあることなので、十分な配慮を心がけたい。

3 個に応じた働きかけを

グループで遊ぶよりも一人でいるほうが落ち着くという子どもなど、個人差にも応じて、こまめに声かけをして、阻害されたり、埋没したりする子どもが出ないように配慮することも大切なことである。

また、いじめの対象になりやすい子どもに、特別支援教育を必要とする子どもや軽度発達障害のある子どもが少なくないことも理解しておく必要がある。大切なのは、障害などについて、正確に理解できるようにすることであり、その上で、どの子も同じように大切にされることの重要性をしっかりと教えることである。特に子どもが互いによいところを見つけ合う活動を行うことは、いじめ防止に多大な効果がある。

4 子どもの世界のことにもアンテナをのばす

最近、子どもの間でいじめのきっかけとなる大きな問題の一つに、「携帯メール」がある。高学年にもなると、携帯電話を所持する子どもはかなり高率となっている。学校では持ち込み禁止となっていても、塾などに通う子どもたちは、保護者との連絡用としてもたせられている場合もある。そこで中傷メールがやりとりされたり、「学校裏サイト」で特定の子どもの悪口が書かれたりすることなどが、水面下で行われることがあることも認識しておきたい。

学校関係者としては、そうした子どもの世界にも鋭くアンテナを伸ばしておく必要があるだろう。

これらの「いじめの芽」が
深刻な問題にまで発展しないような
「いじめに強い学級」をつくる。

【いじめが起こっても、早期に解決しやすい学級】

・「いじめの芽」の段階で、教師の適切な指導や子どもたちの中で解決ができるような学級
・問題解決能力の高い教師と子どものいる学級

ちょっとした悪口、いやがらせ、仲間外し
靴隠しといった段階の「いじめの芽」は、
どこの学校や学級でも必ず起こる。

【いじめが早期に発見できる学級】

・「いじめの芽」の段階で、教師や周りの子どもが発見することができるような学級
・正しい人権感覚をもつなど人間関係上の問題に敏感な教師と子どもがいる学級

【いじめが起きにくい学級】

・モラルが高く、よりよい関係が醸成されている学級
・学級内の生活や学習のルールや規律が守られ、温かな人間的な触れ合いのある学級

いじめを生まない学級づくり

1 いじめを生まない「土壌づくり」を

昨今は、教科指導が優先されて、学級づくりに目が向きにくいという実態がある。学級をしっかりとつくりながら、その人間と人間の関係を効果的に生かしながら学習を行っていくようなバランスのある指導が求められているように思う。

相田みつをの詩「にんげんだもの」［（文化出版局）所収］に、

花をささえる枝
枝をささえる幹
幹をささえる根
根は見えねんだなあ

というものがある。

私は、この詩にある「幹をささえる根」の後に、「根をささえる土壌」という一文を付け加えたい。土壌が学級集団である。子ども一人一人が将来どんな花を咲かせるのかは、土壌によって決まってくる。いじめを生まない学級づくりとは、いじめの早期発見、早期解消のための土壌（人間関係）づくりでもある。この土壌づくりこそが、学級担任としての重要な役割と心してもらいたい。

ここで基本となるのは、「愛校心」になぞらえて、「愛級心」と言うべきものだ。自分が好きな学級であれば、いじめが起こったとき、自分たちの力で解決できるはずである。「愛級心」や「支持的風土」といったものを学級の中に醸成できるように、学級担任は不断の努力をしてほしい。

2 教師は「いじめを絶対に許さない」と断固たる姿勢を貫く

いじめを早期に発見し、適切に対応することで、いじめの深刻化、長期化、複雑化しないようにすることができる。そのためには、教師の姿勢そのものが学級風土をつくることを理解しておきたい。

教師が「いじめは卑怯な行為の最たるものであり、絶対に許さない」ということを言葉と背中でしっかりと教えていくことが、「いじめを生まない学級づくり」の大前提となる。

特に人を傷つける行為を見つけたときなどには、その場で担任が真剣に怒ってみせなければ、「こういうことは絶対にやってはいけないことだ」ということが、子どもたちに伝わらない。人権や命に関することは何よりも大切であると教えるために、ときに教師は自らの身体を張るべきと考える。

また、教師はそうした毅然とした態度を示すことと同時に、日頃から子ども同士の関係や動向を細やかに見守っていく姿勢が求められる。

日頃から一人一人の子どもの気持ちを読み取ろうと努力していれば、わずかな子どもの変化にもすぐに気付くことができるはずである。もし、子ども同士の人間関係が悪化していると気が付いたならば、即座に情報を集め、一刻も早く解決に当たらなければならない。

3 教師同士の連携、保護者との連携

実際にいじめ問題を解決するにあたっては、収集しうる情報量や経験値など、教師個人の力量に大きく左右される。そこでの差を埋めていくために、学校内に教師同士で情報を共有できるような体制をつくることが求められる。

たとえば、隣の学級の子どものちょっとした変化に気付いたら、その子どもの学級担任に「最近、あの子の表情の変化が気になっている」とひと言伝えたり、児童会や生徒会、クラブ活動や部活動でほかの学年、

ほかの学級の子どもと接したときの情報を共有したりしていくようにする。そうした学年間、教科間、新任教師と指導教官など、教員同士でフォローし合える人間関係を常に構築しておくことが大切である。

さらに、保護者や地域に「開かれた学級」になっているかどうかも重要なポイントになる。保護者や地域の人が、子どもの様子がおかしいと気が付いた時点で、「いじめにあったのではないか」と、いち早く学校に連絡し相談できるような関係性とシステムができていれば、いじめの早期発見、早期解決へと結び付きやすい。

ところが、このようなシステムがあっても、そこに学校と地域、保護者と学級担任との信頼関係がなければ、保護者が「それぐらいがまんしなさい」と自分の子どもを押さえ付けたり、地域の人も学校に連絡するのをためらったりして、いじめの発見が遅れてしまうことになるだろう。

学級担任は、いじめを芽のうちから摘み取るためにも、保護者や地域との協力体制を築く努力を日頃から怠ってはいけない。

そこで基本となるのは、教師と子どもの関係性である。子どもが「あの先生はきらいだ」と言えば、必然的に保護者も教師に対する不信感をもつ。逆も同様である。

年度当初の出会いの演出

いじめを生まない土壌づくりは、学級生活のスタートからはじまっている。特に学級への愛着を生むためには、学級をはじめるときの出会い、年度当初の人間関係の深め方、学級会を軌道に乗せるまでの手順などに真剣に取り組む必要がある。ベテランの担任ならば、最初の出会いの一日、最初の一週間、最初の一か月間に集中的に取り組む。

1 学級をはじめるときの出会い

始業式の朝、子どもたちは新しい教室に向かう。「私たちの先生ってどんな人かな」と、期待と不安で胸をいっぱいにしながら教室で待つ子どもたち。そこにいよいよ学級担任が登場する。ここで学級担任がすべき最低条件は、笑顔で教室に入り、明るい声で自己紹介をすることである。

私の場合、手製の名刺を配り、自分の趣味や性格、特技などについてユーモアを交えて話すようにした。ここでの自己紹介は、子どもたちに親近感や安心感が感じられるようにすることにこだわりたい。挨拶もそこそこに、学級づくりのビジョンを長々と話すのは禁物である。

ここがポイント

子どもたちに親近感や安心感を与える工夫

①自分が小学校の頃のことを話す。その際、エピソードなどについて当時の作文や写真を交えて紹介する

②趣味の一端や大切にしている物を披露するのも効果的

　この学級のことについての不安や心配、私への相談や質問、お願いなど何でも書いて、いつでも出してください。使えるのは４月中のみ、１人３枚までです。不安は必ず解決しますよ。質問にはていねいに答えますよ。

　私の場合は、名刺の裏にこんなことを書いた。頼れる担任であることを強く印象付けるようにするためである。もちろん、口先だけにならないように、実際に提出された相談などについては、必要に応じて保護者なども交えて親身になって対応することを心がけなければならないことは言うまでもない。

2 年度当初の人間関係を深める方法

はじめて同じ学級になるのだから、最初の出会いが肝心である。形式的な自己紹介を打破して、出会いを演出したい。教師のほうから「私もみんなのことを知りたいな」と、子どもたちに投げかけてみよう。子どもたちから「自分たちも自己紹介しよう」という反応や、教師が渡した名刺に興味を感じた子どもから、「名刺をつくって自己紹介し合いたい」というような反応も期待できる。

このような思いを十分に引き出したら、名刺交換会の提案をする。その際、学級づくりへの第一歩を踏み出す〝しかけ〟を用意しておくことも考えられる。たとえば、名刺の裏に、こんな学級にしたいという学級への願いや希望を書けるようにするのである。「みんなの願いがわかったら、君たちと私とで力を合わせて、楽しい学級をつくっていこう」と呼びかける。この場面では、一人一人の願いは、みんなの願いであることを十分に強調しておきたい。名刺交換会のプログラムなどについて、「どんな会にしようか」と、最初の学級会の議題にするなどして工夫したい。「流行曲をBGMにしたい」、「テーブルに花を置きたい」など、子どもたちの話合いによって計画をつくるのである。

最初の出会いにこれほどまでにこだわるのは、一年間の学級活動の成否は、この最初の出会いが鍵を握っている場合が少なくないからである。

ここがポイント

教師が決めた条件

①必ず名刺を全員と交換する
②名刺に書いた「一番伝えたいこと」を相手に話す
③こんな学級にしたいという希望も伝える

すぎた ひろし
杉田 洋
よび名 スーさん
しゅみ・とくぎ けん道・つり
せいかく 明るいがおっちょこちょい
メッセージ 楽しくがんばりたいのでよろしく

学級への愛着を深める

必要に応じて学級の独自の文化をつくる活動に取り組むことも考えられる。たとえば、学級の歌やマークがそれだ。

これは余談だが、私が若い頃、学級のオリジナリティーを追求する活動の中で、子どもたちが学級の中でしか通じない手話をつくりたいと言い出したことがある。

これが意外と便利だと思ったのは、二、三階の教室から校庭で遊ぶ子どもたちに指示する場面だった。通常ならば距離が遠すぎて、大声を出しても指示は通らないが、手話だと手信号のように指示が通るという利点があったのである。また、声を出してはいけない場面、たとえば、健康診断を廊下で待つ際の指示や、音楽会の会場での指示などにも便利に活用できた。一年後には、みんなが手話で会話ができるまでになった。

手話の中身は、挨拶のように頭を下げると「あ」、両手を横に上げれば「い」、左手を斜めに頭上に上げれば「う」、首周りのえりを表現して「え」、オルガンを弾くそぶりは「お」。慣れてくると、ものすごく速いスピードで会話ができるようになる。

国語はその国の文化であるように、学級のオリジナリティーが学級に対する愛着を生む源になる。そして、よりよい人間関係づくりのスタートにもなる。

いじめを生まない集団の力を育てる学級活動

1 学級活動で仲間づくり、道徳の時間で自分づくり

いじめ問題の対応における学級活動の役割は、学級集団の一員としての自覚を深め、よりよい生活を築く活動を通してよりよい仲間づくりをすることにある。また、道徳の時間においては、読み物資料などを使って内面を見つめさせ、自分と他者との関係についての道徳的価値や自己の生き方の自覚を深めることにある。学級活動が仲間づくりの時間、道徳の時間が自分づくりの時間ととらえればわかりやすいと思う。

2 学級活動の役割

学級活動の役割は、「学級生活の充実と向上」と「諸問題の解決」の二つが中心となる。

学級生活の充実と向上とは、子どもたちによる生活の向上を目指した協力的な活動であり、結果として子どもたちのよりよい人間関係をつくることができる。

また、諸問題の処理というのは、学級内にちょっとした問題が起こったときに、子どもたちが自分たちで解決したり、教師の適切な指導によって解決したりする活動である。子どもたちはこの活動を通して集団としての問題解決能力と個人としての問題解決能力の両方を身に付けていく。したがって、いじめ予防のための学級活動の役割は、「よりよい人間関係づくり」と「問題解決能力の育成」と言ってよい。

3 二つの話合い活動を使い分けて、適切な指導を

学級活動における諸問題を解決する話合いには、二種類ある。一つは集団の問題を協力して解決するために集団決定する話合いであり、もう一つは個人の問題を個人の努力で解決していくための自己決定をする話合いである。

以前は、前者を「学級会」、後者を「学級指導」と区別していた。それが現在は「学級活動」と一括りに呼んでいることにより、教育現場で少々混乱が生じている。まず、それぞれを区別して指導すべきことを強調しておきたい。たとえば、いじめ問題の予防策として、みんなで楽しい集会活動などを行い、よりよい関係を結ぼうとする場合は、集

団決定による話合い活動を通して行う。しかし、一人一人が、「友人関係の改善」を図るために、「自分は、一度も遊んだことのないあの子を遊びに誘ってみよう」などと考える場合は、自己決定する話合い活動を通して行う。

ところが、こうした自己決定の話合いで解決すべきことを、集団決定をする話合い活動で行おうとすると、子どもたちは罰を設定するようになる。一例をあげると、「友達と仲良くできない子がいたら廊下に立たせたらいい」などの厳罰主義の集団決定に陥りがちである。

人間関係の問題をどのように取り上げるかについては、教師が十分に目配りをし、特に二種類の話合い活動の場をしっかりと使い分けて、子どもに問題解決能力を育てていくことが、「いじめに強い学級づくり」につながるであろう。

基本的に、いじめは個人の問題である。だから、個人の問題を取り上げて集団決定するために話し合うというのは、前述したようなマイナス面があるので、慎重に行う必要がある。

集団決定にふさわしい活動としては、一緒に楽しい活動をすることを通して、学級の一人一人のよりよい人間と人間の関係をつくっていくことであろう。そのほか、あだ名の問題などについてよりよい人間関係をつくるための約束づくりについて話し合うなどが考えられる。しかし、その場合、約束を破った子どもに罰則を設けるという活動になれば、いじめの予防や解決には結び付かないだけでなく、むしろ、いじめを助長することになりかねないので留意する必要がある。

また、自己決定する話合い活動としては、「人が嫌がること」などを具体的に取り上げて、「言ってはいけないこと」、「してはいけないこと」をそれぞれの子どもの実態に合わせてしっかりと決めさせ、努力させていく活動が有効であろう。

4 実生活での実践を大切にし、各種の方法を適切に取り入れる

人間関係の指導については、構成的グループエンカウンター、ピア・サポート、ソーシャル・スキルなど、様々なプログラムが導入されるようになり、その効果も上がっているようである。

ただし、こうしたプログラムやマニュアルを学級活動に多くの時間を充てたり、よりよい生活づくりを通して人間関係が築けるようにするという特別活動本来の役割が軽視されたりするようなことは、留意しなければならない。教育は生きた人間同士のかかわりの中で行われ

るものなので、新しい手法をこなしさえすればたちまちうまくいくというほど、人間関係づくりは単純なものではないということを忘れてはならない。

大切なことは、新しい方法も含め、多様な方法を適切に活用するとともに、学校という社会の縮図の中で人間関係を学ばせていくことである。そのためには、学校の中に子どもたちの生活をつくり出す必要がある。それが特別活動の役割である。

5 子どもたちの力を信じ、たくましい集団を育てる

今、いじめ問題への過度な反応から、人間関係などの諸問題について、大人が即時介入したり、問題が起きる前に手を出してしまったりという指導が多くなり、ちょっとした問題も解決できないひ弱な集団が多く見られる。本音も言わず、争いもせず、批判もし合わない表面的な仲良し集団も多い。しかし、抵抗力も問題解決能力も乏しい集団の中でいじめ問題が起こったら、深刻な状況なるのは当然である。

特別活動におけるいじめ予防の役割は、教師や大人が、上から力でいじめを押さえ込むのではなく、子どもたちの力を信じて、子どもたち自身で解決ができるたくましい集団をつくっていくことである。

子どもたちは本来、低学年は低学年なり高学年は高学年なり、平等感や正義を感じながら自分たちで問題を解決できる力をもっている。教師はそうした子どもたちの力を信じ、しっかりと育てる必要がある。

特別活動、とりわけ学級活動においては、実社会に出ても生きて働く本物の人間関係を身に付けるために、本音で話合い、ぶつかり合い、張り合う人間と人間の関係の中で、問題を解決する活動をもっと重視すべきである。

私の実践例から〜いじめ問題への対応

ここで、私が小学校4年生を担任したときの実践例を紹介してみようと思う。

1、学級の概要といじめ発見のきっかけ

当時、私が担任している学級の子どもたちは、学級生活の状況からおよそ次のように大別できた。

〈積極的タイプ〉……活発で、いつも先頭に立ちたがり、目立ちたがる子ども→20％前後
〈同調タイプ〉………強い自己主張はせず、誰とでも自分を合わせて生活できる子ども→60〜70％程度
〈消極的タイプ〉……あまり目立たず、積極的に友達に話しかけない子ども→10〜20％程度

いずれのタイプの中にも問題を抱える子どもがいた。その子どもも含め、すべての子どもに自分の「よさ」を発揮させ、自己肯定感を高める方向への私の働きかけが、新学期当初は、一応軌道に乗りつつあるように見えた。そのため、「学級の目標を決めよう」「学級の係を決めよう」の学級活動を核とした学級集団の指導が一応うまくいったものと考えていた。新学期の子どもたちはグループをつくるが、それは統廃合を繰り返していく。小学校中学年から高学年にかけてよく見られるのが、その過程での「友達の取り合い」である。このことには十分に注意しながら指導

を進めてきたつもりであったが、次のようなことが発生した。

最初、積極的タイプであるA子の、沈み込んで一人ぼっちでいる姿を見ることが多くなってきた。本人にそれとなく聞いても、「何でもありません」と言い、友達に聞いても「わかりません」と言うだけであった。しかし、A子の生活ぶりから見て「何か問題が起こっている」と感じた。そこで、周りの子どもにそれとなく聞いたことや、学級活動ポストに投函された関係する子ども以外の子からのカードから考えて、最近A子が仲間外れにされているらしいということがわかった。そこで、こっそりA子の母親に連絡をとって様子を聞いた。母親は、「原因はわからないが、登校拒否ぎみ、反抗、友達と遊ばなくなった、不機嫌」などをあげ、かなり深刻な状況であると言われた。私は、総合的に判断して、人間関係のねじれからくる「いじめ」であると判断した。

2、問題への対応とその成果

(1)問題の原因

深刻ないじめのような問題は、その辛さなどについて、まず教師が共感的に受けとめ、その子との信頼関係を深めることが大切である。その上で本人や保護者、周りの子どもたちから事情を聞き、真の原因を突き止めることが解決への第一歩である。ただし、いじめを受けている本人

私の実践例から〜いじめ問題への対応

から、通常、容易に本音は引き出せない。A子の場合は特に気が強く、事情があってなかなか事実を言わなかった。今回の場合、この段階で安易に学級の問題として、表に出すべきではないと私は判断した。そして、折に触れ、繰り返しA子や関係する子と様々な方法で接触を続けた。その結果、少しずつその内情が見えてきた。私は、日頃、人間関係が深刻な問題にまで発展しないようにするため、次のような手法でつかんだ実態を、学級生活の節々で簡単な図とメモに残しておくようにしている。

①誰と遊んでいるかを意図的に観察し、(休み時間、放課後など)一人一人の遊び仲間をつかんでおく。
②様々なグループづくりの際に、大まかな希望(「ぜひ、一緒に活動をしてみたい人を何人でも記入してください」)をとり、友人関係をつかんでおく。
③学級活動ポストに投函されたカード(「友達への苦情」も自由に投函できるようにしている)や班日記及び日常会話や直接の訴えなどをこまめにメモし、人間関係上のトラブルの事実と経過を記録していく。

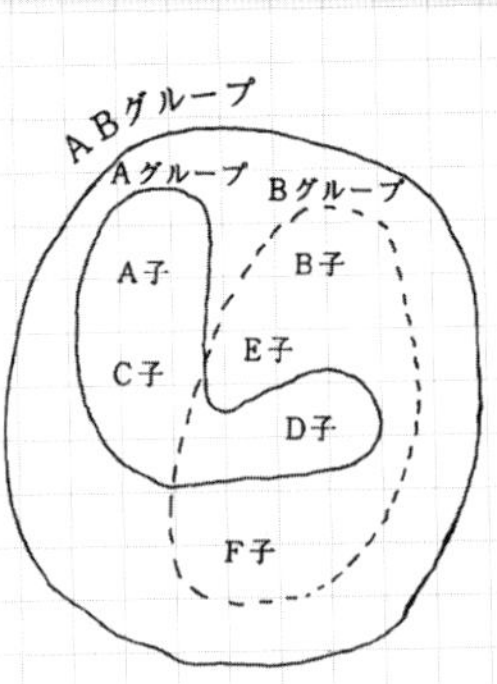

この図は、上記の方法で得た結果を図示したものである。四月当初は積極的タイプのA子とB子にほかの四人が加わり、六人でABグループをつくっていた。この人間関係は、五月の遠足のときにも変わらなかっ

た。ところが、五月中旬の音楽の合奏グループづくりときには、A子中心のAグループとB子中心のBグループに分かれる傾向が見られ、さらにその後の学級集会のグループでは、完全に分裂状態となった。その要因は、A子とB子の張り合いだと思われた。このようなことはよくあることなので注意深く静観することにした。後でわかったことであるが、分裂した要因は、A子のわがままな言動にB子が反発したためであった。そして、A子にC子とD子が付き、E子とF子は引きずられる形でB子に付き、二つのグループに分裂したのだった。しかし、十日ほどしてこの二つのグループは、B子の働きかけにより休み時間には、一緒に遊ぶようになり、一旦仲直りしたかに見えたが、A子だけは元に戻れなかった。その頃から、わがままに我慢をし続けてきたB子を中心とする五人が、仕返しをするような気持ちでA子に対して「無視」、「陰口」、「物隠し」という形でいじめがエスカレートしていったのである。この五人の一人一人の性格や心情及びそのほかの諸条件からみて、この問題は、A子の「わがまま」とB子たちの「いじめ」との両方から指導することが可能であり、ベターであると考えた。

（2）問題への対応

私が、このいじめ解消のために行った指導などは次のことであった。

私の実践例から～いじめ問題への対応

①A子に、今の気持ちを素直に文章で表現させる指導に力を入れた

A子は、「毎日のつらさ」や「いじめのひどさ」など、相手の非難を書いた。A子はかなりしっかりした文章を書ける子であった。私は、その気持ちに全面的に共感することでA子との話合いをはじめた。私はほとんど聞き役に徹したが、A子は私との会話を通して、本当の自分の気持ちを表現してはいないことに自分でも気付いていった。そして、あくる日、それを書き直してきた。

この指導を繰り返しているうちに、自分自身の問題にも目が向けられるようになってきて、これからどうすればよいのかについてもわかるようになり、非常に前向きになってきた。

②B子に、今の気持ちを素直に文章で表現させる指導に力を入れた

B子にも、A子の指導と併行して、A子への指導と同じような指導を繰り返した。B子への指導は、まず、五人の話合いをB子にまとめさせるという方法をとった。はじめは、A子の場合と同様に、A子の「わがまま」が列挙され、A子への怒りが綴られていた。その後、五人のグループに私も入り、B子にその作文を読ませながら話し合った。この場合も私は、聞き役に徹したが、一人一人の本当の気持ちを引き出す質問はかなりした。そして、その質問への返答にはすべてうなず

き、否定はしなかった。これを繰り返しているうちに、今、自分たちは何を求めているのかが次第にはっきりしてきた。そして、本当に求めていることが「いじわる」では得られないことがわかってきた。これらの気持ちを含めて作文を書き直した。

③両者の心境を相互に理解し合える場をつくった

この作文は、時期を見て、途中から相手への手紙文としてまとめさせた。最終的には、相手に本意が伝わるようにと、若干私も文章の修正をした。最初に、A子の手紙(二回目と最後に書いたものの二種類)をBグループ全員にコピーして渡し、話し合った。これには、A子の気持ちの変化がよく表れていた。同様に、A子には、B子の手紙(最初と最後に書いたものの2種類)を渡して読んでもらった。B子の場合も、気持ちの変化がよく表れていた。その後、B子たちがA子に謝って仲直りをしたいということになり、きわめて自然に、円満に仲直りができた。

④学級活動で「人間関係の問題」を取り上げて指導した

その後、年間指導計画で十月に予定していた「誰とでも仲良く」という題材を七月に繰り上げ、「友達の嫌がること」という題材名に変更して展開した。活動計画の作成には、A子、B子にも参加してもらい、

私の実践例から〜いじめ問題への対応

このたびの経験を生かすように指導した。この学級活動は、概略が次のような展開になった。

1「友達からされて嫌だったこと」の実態調査の発表を聞いて、学級に様々な問題があることに気付く
2どんなときに「友達の嫌がること」をしてしまうのかを考える
3自分がしてしまった「友達の嫌がること」について思い出す
4これから、どんなことに気を付けて生活していったらよいかについて考える

この中の2の活動でB子は前記の手紙文を読み上げ、今の気持ちを付け加えた。そのため、2、3、4の話合いがよい話合いになった。

3、いじめへの対応と特別活動の役割

以下、上記の指導の感想などを簡単にまとめておきたい。

(1) 現実のいじめへの対応はケース・バイ・ケースである

武庫川女子大学名誉教授小林剛氏は「いじめの集団構造」をこのような図で示し、全構成員による話合いを次の手順で行うことが、いじめを根本的に解決する道であると強調する。

①事実を全員の前に明らかにする
②事実を確認し、加害群はその理由を述べ、被害群はその苦しみを述べる
③快楽群・傍観群がなぜそうした態度でいたかを述べる
④時間をかけて、克服の展望が出るまで話合いを続ける
⑤人権の大切さを確認する

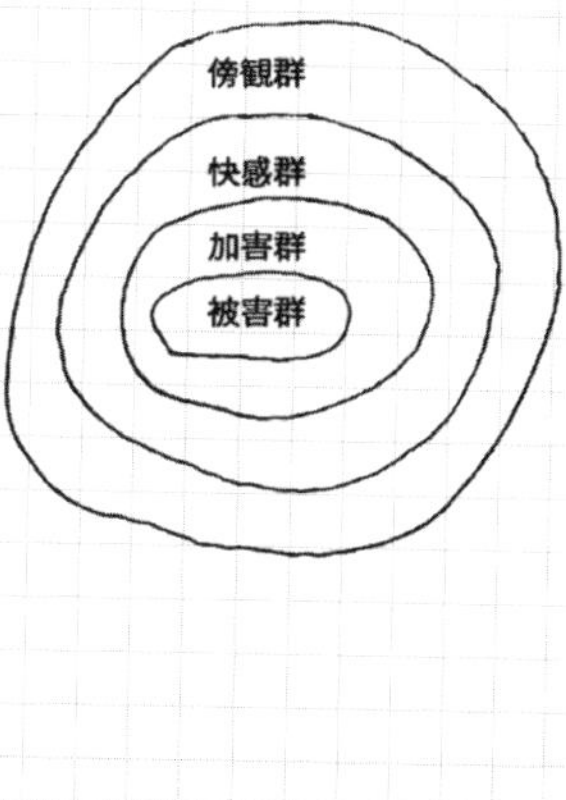

私も「いじめの集団構造」については同じように考えているが、いじめへの対応については、かなり手法が異なる。いじめへの対応はケース・バイ・ケースであると私は考えていて、まず、加害者や被害者の特性（発達の段階、性格、情緒的傾向、学級集団内の立場や役割歴など）によって対応が変わってくる。また、いじめ、いじめられるという問題を当事者がどのように受け止めているかによっても変わってくる。さらに、緊急な対応が必要か否かの度合いについて指導者がどう判断するかによっても変わってくる。私の手法は、どちらかと言えば「理詰め」の話合いはできるだけ避け、誰もが極力傷付かないように、できるだけ配慮することが指導の底流にある手法である。したがって、たとえば、①の「事実を全員の前に明らかにする」のは、2で述べた実践例の流れのように、問題が当事者同士で解決された後、または解決の見通しがもてた後で、

私の実践例から〜いじめ問題への対応

周りの子が解決の決め手になる雰囲気や力をもっている場合に限る。

（2）自分自身と真正面から向け合わせる指導に力を入れる。

当事者によってケース・バイ・ケースであるが、基本的には、まず、加害者も被害者も共感的に受け止め、温かく接するところから指導をはじめたいと考えている。保護者にも私のこの方針を理解していただき、協力してもらうように依頼する。次に努力したいと思うことは、加害者にも被害者にも自分自身と真正面から向き合わせる指導に力を入れることである。そのためには、２の（2）で述べた実例のように、当事者との「話合い」→「作文」→「話合い」→「作文」を繰り返すことは有効な指導法の一つだと考えている。

しかし、教師によっては、この指導は難しいかもしれない。子どもに心を開かせ、開いた心に温かい教師の気持ちが入り込めなければうまくいかないからである。人間の心の扉は、第三者が外から力ずくで開けることはできない。子どもが心の扉を開けなければ、話合いも作文も本当のものにはならない。この二つが本当のものにならなければ、子どもに自分自身と向き合わせることはできない。

（3）ふだんの指導ができていれば、いじめの対応の指導もしやすくなる

昨今のいじめの事例をみると、幼児期からの自己制御力の不足、温かい人間関係の欠如、子どもの前での不用意な教師批判、教員と子どもの間の節度をこえた言葉遣い、仲間はずれを恐れるあまりの追従や忍従などの子どもの特性、表面的行動にとらわれその実態を見誤った教員の対応、面白いことを価値ありとする風潮など、多岐にわたって問題状況を指摘できる。

これはかつての臨時教育審議会の第二次答申（昭和61年4月）の一節であるが、この実状は、今もそれほど変わっているとは思われない。

この中で、私が特に指導上注意しているのは、①表面的行動にとらわれ、その実体を見誤った対応をしないようにすることと、②温かい人間関係を中心とした学級集団を形成し、その中で自己抑制力を育てるようにすることの二つである。特に後者にできるだけの力を注いでいる。このような指導ができていれば、少なくとも小学校段階においては、たとえいじめが発生しても、通常は大きな問題にまで発展することは防止できると考えている。

(4) いじめ問題への対応における特別活動の役割は土壌づくりにある

私の述べた1と2の実践例からみてもわかるように、また、3の(1)、(2)、(3)で述べたことでもわかるように、私の考える「いじめ問題への対応における特別活動の役割」は、「いじめ問題の防止」、または「いじめ発生の早期発見と早期解消」のための土壌づくりにあると考えている。このことは、たとえば、1と2で取り上げたA子に対するB子グループのいじめを解決する直接の場として、学級活動の話合いの場を活用しないということである。もちろん私も、様々な条件が許せば、学級活動の話合いでそれを取り上げ、前述の小林氏の「④時間をかけて、克服の展望が出るまで話合いを続ける」ようなことがあるかもしれない。しかし、いじめ問題への特別活動のかかわり方の本流は、たとえば、2の(2)の④のような形になると思う。

(5) 未熟ないじめ対応策は、特別活動を衰退させる心配がある

いじめへの過剰反応は、ひ弱な集団活動につながる一面がある。具体的には、「人間関係上のトラブルの、子どもの安易な訴えと大人の即時介入」、「相手を責めたり、批判したりしない建前優先の話合い活動」、「人の先頭に立ち、リーダーシップを発揮しようという意欲の減退」、「人間と人間が本気でかかわる活動の減退」などの問題である。これは特別活動の衰退を招く。教師は、いじめによる悲劇的な状況が発生することは何としても防止しなければならないが、その過剰反応による弊害にも着目する必要がある。体格や能力などの個人差のある子ども、異なる環境

で育ち、異なった性格や考え方をもった個性豊かな子どもたちが一緒に生活をすれば、必ずぶつかり合いや張り合い、摩擦などが生ずる。

それは「社会」においては当然なことである。だからこそ、これらの人間関係上の問題を、できれば子どもたち自身に解決させたい。そうするためには、教師の積極的で適切な支援が必要であるが、その支援によって子どもたち自身に解決させることができれば、その体験が現代の複雑な社会を力強く、そして、よりよく生き抜ける人間を育てる上で大切な体験となる。特別活動は、そのような人間形成を図る教育活動の一端を担っているのである。

したがって、「望ましい集団活動」とは、人間関係のトラブルを排除した集団活動や、大人が自由にコントロールするロボット化した集団活動ではないと考えるべきであろう。また、私たちが育てたいのは、自己主張できない迎合や妥協の子どもでもないはずである。いじめは根絶しなければならないが、それと一緒に人間教育にとって、また特別活動の指導にとって大切な「本音でぶつかり合う人間関係」をも追放してしまうことのないように、保護者も教師も真剣に考える必要があるのではないかと考える。

話合い活動の授業参観の視点

観点1 子ども 話合い活動の参加態度を見る

①賛成・反対の態度を決定しているか……□

②話し手の方を見て、聞いているか……□

③根拠のある説明で、
相手を説得するような言い方ができているか……□

④反対意見や修正意見について、
合意を得るように質問や反論をしているか……□

⑤話合いの終了まで集中して、
熱中して話し合おうとしているか　など……□

観点2 活動 話合いの進み具合を見る

⑥話合いの順序が全員に確認されているか……□

⑦話合いの目的が全員に確認されているか……□

⑧ 提案に対して本質的なことを確かめる質問がされているか……□

⑨ 提案に対して、賛成・反対の意見・理由を述べているか……□

⑩ 話合いの目的に沿った発言がされているか　など……□

観点3 教師 効果的な指導助言や教室環境を見る

⑪ 和やかな雰囲気づくりを促す助言があるか……□

⑫ 話合いを深める可能性がある意見への着眼を促す助言があるか……□

⑬ 話合いの目的や提案理由、ねらいから逸脱するようなことが考えられるときに助言をしているか……□

⑭ 子どもの主体的な活動になるように方向付けたり意欲付けたりする助言をしているか……□

⑮ 話合いの停滞を解消する助言をしているか……□

⑯ 整理する、ヒントを与える、指摘するなど、子どもたちが気付かないことへの着眼を促す助言があるか ……□

⑰ 「理由」の言い方、相手を説得するような言い方、反論するときの言い方などができた子どもへの適切な対応はあるか ……□

⑱ 意見を聞く子どもの姿勢やうなずき、反応などに対する適切な対応はあるか ……□

⑲ 話合いの成果、よさ、前進したことをはっきり子どもにもわかるように価値付けて対応しているか □

⑳ 「今日の話合いで頑張った人はだれか」というように、子ども同士が認め合う機会を与えた評価はあるか ……□

㉑ 司会や記録など、話合いを進めた子どもや準備にかかわった子どもを評価しているか ……□

※上記の授業参観の三観点から、「○よかったことや参考になったこと」「△改善や工夫が必要だと思うこと」を授業参観シートに書きながら参観してください。

第　学年　組学級活動（1）学習指導案（一般）

学級や学校の生活づくり

日　時：
指導者：
場　所：

1　議題　○○○をしようなど　　議題名（×）→ 議題

2　児童（生徒）の実態と議題選定の理由

※ 児童（生徒）自らが「学級や学校の生活づくり」について問題を見出し、話し合い、計画・実践する実践的態度についての現状を述べる。
※ 議題が選定された背景やこの議題を学級全体が取り組むことで、学級や学校生活がどのように向上し、児童（生徒）一人一人にどのような態度が身に付くことが期待できるかについて、教師の願いや指導観などを記述する。

1単位時間ごとに「評価規準」作成せず、学校で低・中・高学年別に作成したものをそのまま掲載する。話合い活動、係活動、集会活動の形態別に示すことも考えられる。

3 評価規準と目指す児童（生徒）の姿

観点	集団活動や生活への関心・意欲・態度	集団の一員としての思考・判断・実践	集団活動や生活への知識・理解
評価規準	学級や学校の生活の充実と向上にかかわる問題に関心をもち，他の児童と協力して自主的に集団活動に取り組もうとしている。	楽しく豊かな学級や学校の生活をつくるために話し合い，自己の役割や責任，集団としてのよりよい方法などについて考え，判断し，信頼し支え合って実践し活動している。	みんなで楽しく豊かな学級や学校の生活をつくることの意義や，学級集団としての意見をまとめる話合い活動の効率的な進め方などについて理解している。
目指す○○の姿	※学級活動 (1) の評価規準〔学校として見定めた評価の観点ごとに、発達の段階に即して設定した評価規準〕を踏まえ、本議題のねらい、内容に即して、十分満足できる活動の状況を、「目指す児童（生徒）の姿」として記述する。丁寧に「計画委員」、「話合い」、「集会活動」などに分けて記述することも考えられる。 ・目指す児童（生徒）の姿は、事前、本時、事後の活動全体を通して、各観点をバランスよく設定することが望ましいが、必ずしも本時の中で全ての観点を評価する必要はない。例えば、事前で「関心・意欲・態度」を、本時で「知識・理解」と「思考・判断」を、事後に「実践」を中心に評価することも考えられる。		

4 活動と指導の見通し

	活動内容	いつ	指導・支援	目指す児童(生徒)の姿と評価方法
話合いの準備	※以下のような「問題の発見」から「振り返り」までの活動、計画委員会の活動について記述する。 ・生活向上にかかわる諸問題を見つけ、提案をする。 ・実態、学級経営の充実などの観点から議題を選定する。 ・議題や提案理由を知って、各自が意見をもつ。 ・話し合いの柱や順番などを見定め、活動計画を作成する。		※以下のように、児童（生徒）が左の活動を行う上で、何をどのように工夫したり、配慮したりするかなどを記述する。	※以下のような評価の例が考えられる。 ・自主的に、計画づくりに取り組むなどよりよい生活をつくろうとしている。 関心・意欲・態度〔アンケート調査〕
話合い	※学級会（集団討議による集団目標の集団決定）		本時の展開参照	
実行	・グループごとに準備をする。 ・集会活動を行う。		・○○の児童には、○○の助言や励ましを行い、よりよく実行できるようにする。	・協力し、責任を果たして、計画的に活動している。 思考・判断・実践〔観察・努力カード〕
振り返り	・学級全体や個人としてよかったこと、改善点などについて話し合い、次の活動に生かす点を明らかにする。		・○○の視点を与え、よかった点と問題を次に生かす点を明らかにすることができるようにする。	・自他の頑張りや問題について考え次に生かす点を明らかにしている。 思考・判断・実践〔観察・努力カード〕

「朝や帰りの会など、どの時間で行う予定か」や「計画委員の活動か全員の活動か」なども記入する。

「太線で囲む」などして、本時の位置づけを明確にする。

5 本時の展開

（1）本時のねらい

・提案理由を踏まえた話合いを展開するために本時の活動で特に留意する点を考え、簡潔に記述する。

（2）本時の展開 (児童が作成した活動計画) P55 〜 P56 の例を参照とする。

議題	○○○をしよう。 児童の手書きのものでよい。
提案理由	※教師とともにつくった提案について、書く。
役割分担	※司会･黒板記録･ノート記録、提案者などの児童名を記入する。(一般的に、中学校では、議長、黒板書記、ノート書記という名称をつかっている。)
話合いの順序	**気を付けること**
1. はじめのことば 2. 計画委員の紹介 3. 議題・提案理由の確認 4. 話合い ① ○○をどうするか。 ② ○○を決めよう。 5. 決まったことの発表 6. 先生の話 7. おわりのことば	計画委員の児童が、進行に即して気を付けることを記述する。あらかじめ様式を決め印刷しておき、児童が書き込めるようにしておくとよい。

（3）指導上の留意事項

・○○の状況 (場面では) になったら、○○の助言する。(収束の道筋に即した助言等)

・○○の児童 (生徒) には、○○の指導をする。(個に即した助言等)

※指導上の留意事項について、次の「本時の指導計画」のように話合いの流れに即して、丁寧に示すことも考えられる。

話合いの順序 (例)	指導上の留意点	目指す児童 (生徒) の姿と評価方法
1. はじめのことば 2. 計画委員の紹介 3. 議題の確認 4. 話合い ①○○をどうするか。 ②○○を決めよう。 5. 決まったことの発表 6. 先生の話 7. おわりのことば	教師が、児童・生徒の実態を踏まえ、活動を見守りながらも、よりスムースに深まりのある話合いができるようにするための助言などを記述しておく。	評価規準に即して、本時の展開における「目指す児童 (生徒) の姿」を示しておく。

6 事後指導

- 見通しをもった計画的な活動、継続的な努力、役割や責任を果たすこと、よりよい人間関係を築くことなどができるようにするために○○○をする。(例)
- 振り返りを通して成果が実感できるようにし、「自分(たち)もやればできる」という達成感が味わえるようにする。(例)

児童が作成した板書計画（4年）の例

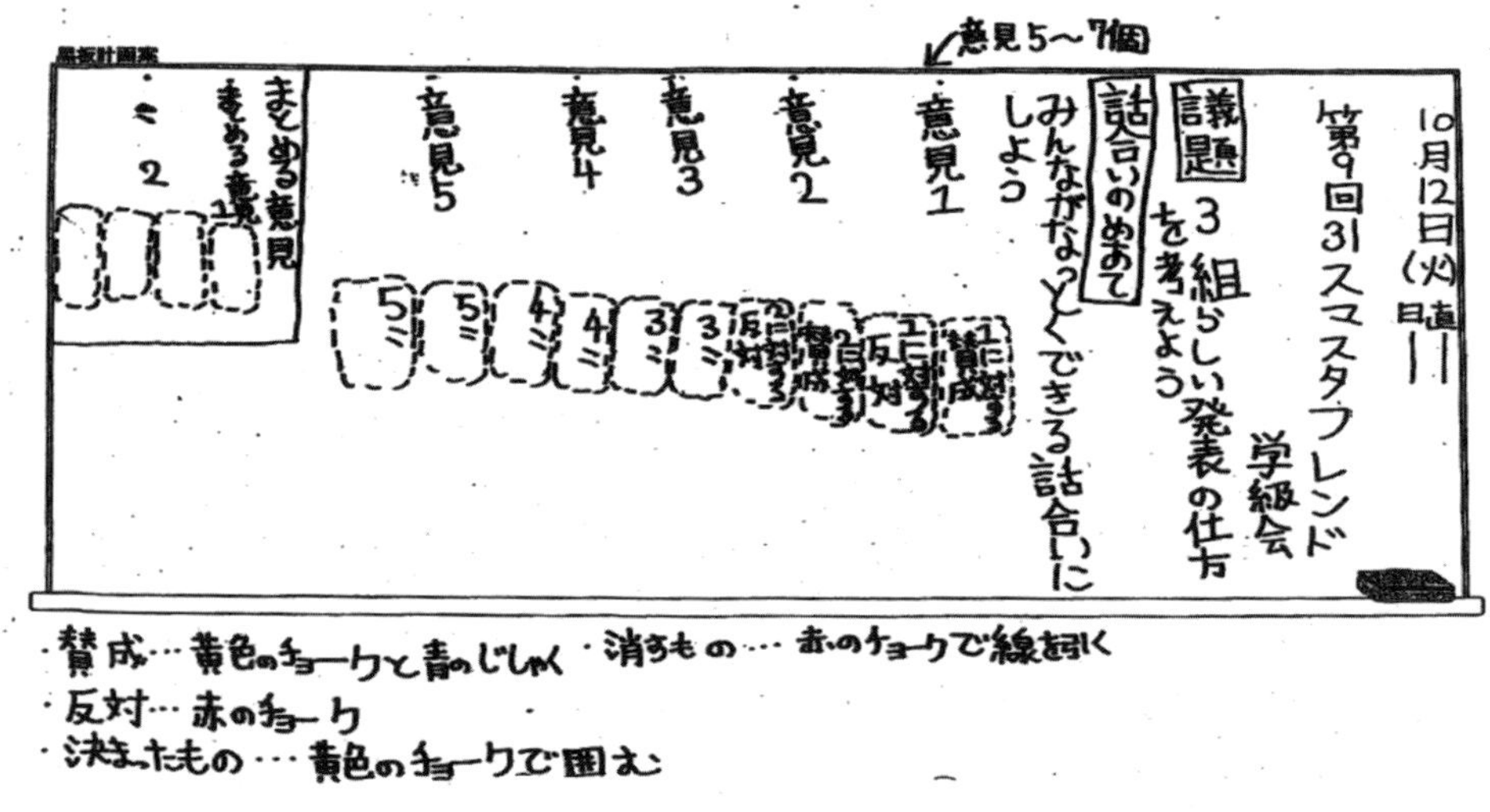
10月12日(火)
第9回31スマスタフレンド学級会
議題 3組らしい発表の仕方を考えよう
話合いのめあて みんながなっとくできる話合いにしよう
意見5～7個
意見1
意見2
意見3
意見4
意見5
まとめる意見
・賛成…黄色のチョークと青のじしゃく
・消すもの…赤のチョークで線を引く
・反対…赤のチョーク
・決まったもの…黄色のチョークで囲む

児童が作成した活動計画（５年）の例

<table>
<tr><td colspan="6">第12回　スマイルフレンド学級会　話合い計画表</td></tr>
<tr><td colspan="2">日時</td><td colspan="4">平成24年　7月　13日　6時間目</td></tr>
<tr><td colspan="2">提案理由</td><td colspan="4">滝野宿泊学習でクラスの団結力を高めて絆を深めるためにみんなでアイデア出し合って5年3組らしい旗を作りたい。</td></tr>
<tr><td colspan="2">司会</td><td>副司会</td><td colspan="2">黒板</td><td>ノート</td></tr>
<tr><td colspan="2">めあて</td><td colspan="4">クラスの団結力がもっと高まるようにアイデアを出し合おう。</td></tr>
<tr><td colspan="2">話合いの流れ
1　はじめの言葉
（司　）
2　司会グループの紹介
（司　）
3　提案と提案理由
（滝野宿泊学習プロジェクトの4人たち
4　めあての確認
（黒板　）
5　先生から
（竹田先生　）
6　話合い</td><td>時間
1:55

5分間</td><td colspan="3">話合いの具体的な進め方
①はじめの言葉
②司会グループの紹介
③議題は、「学級の旗の内容を決めよう」です。
提案理由については滝野宿泊学習プロジェクトの4人の人たちおねがいします。
④めあては「…」です。（黒板）
⑤次は先生からです。
⑥では話し合いにうつります。</td></tr>
<tr><td rowspan="2">柱１
旗に入れる言葉を決めよう。</td><td>①自分の考えを出す</td><td>2:00
3分間</td><td>意見が出たら理由もちゃんと聞く。</td><td>2:20
理由が大切
必ず理由をいってもらい黒板に書く
3分間</td><td>デザインの意見を出してもらう。</td></tr>
<tr><td>②考えを比べる</td><td>2:03
7分間</td><td>もしスマイルフレンドが3回続いたら「スマイルフレンド」をまず入れると言うことでいいですか。「他のものはどうですか」と聞く。
他のものをまぜるというアイデアはどうですかと聞く。</td><td>2:23
書くのに時間がかかるようだったら待つこと
7分間</td><td>柱1で決まった言葉に合っているか？
わかりづらいデザインは、実際の旗を使って説明しても</td></tr>
<tr><td>柱２
旗のデザインを決めよう。</td><td>③みんなで決める</td><td>2:11
8分間</td><td>本当にクラスの団結力がそれで高まるかどうか聞く。</td><td>2:31
7分間</td><td>柱1で決まった言葉に本当に合ったデザインかどうか？
時間が足りないようだったら全部決めないで1つだけでもみんなで決められるといい。</td></tr>
<tr><td colspan="2">7　決まったことの確認
（ノート記録　）
8　話合いのふり返り
9　先生から
10　終わりの言葉
（司　）</td><td>2:40
5分間</td><td colspan="3">⑦話し合いで決まったことをノート記録の五十嵐さん、発表してください。「決まったことは…です。まだ決まっていないことは、…です。」
⑧話し合いのふり返りをします。○分間で各自学級会ノートに書いてください。
⑨先生からです。書くのをやめて先生の方をしっかり向いてください。
⑩終わりの言葉　これでいい</td></tr>
</table>

児童が作成した活動計画（２年）の例

だい13かい　わくわく学きゅう会のけいかく　11月20日（金）2時間目

ぎだい	ハッピーパーティーをしよう		
ていあんりゆう	12月に、みんなと楽しい思い出をつくりたいと思ったから。	ていあんしゃ	さん

やくわりぶんたん	し　会	こくばん記ろく	ノート記ろく
	さん さん	さん さん	さん

きまっていること	日じ　：12月4日 ばしょ：教室 かつどうの数：3つ（みんなでできること）

はなしあいの　じゅんじょ	気をつけること
1　はじめのことば 2　やくわりしょうかい 3　ぎだいのかくにん 4　ていあんりゆうの　はっぴょう 5　はなしあい はしら①　（20）分 みんなが楽しめるために、何をするか。 はしら②　（15）分 どんなかかりがいるか。 6　きまったことのはっぴょう 7　はなしあいのふりかえり 8　先生のはなし 9　おわりのことば	・いろんな人がはっぴょうできるようにする。 ・いけんが出ないときは、けいかくいいんの人もはっぴょうする。 ・みんなが楽しめるようないけんを出してもらう。 ・いけんが合わないときは、合体したいけんにまとめたり、ゆずったりしてもらう。

学級活動 (2) 学習指導案 (一般)

日常の生活や学習への適応及び健康安全（小学校）適応と成長及び健康安全（中学校）

日　時：

1 題材　バランスのよい食事 (◯) バランスのよい食事をしよう (×)　題材名 (×) → 題材

2 児童 (生徒) の実態と題材設定の理由

※ 児童(生徒) が自己の課題として真剣にとらえ、目標や方法などを自己決定できるように、学級生活における児童 (生徒) の実態から、この題材を取り上げる必要性など、教師の題材観、指導観についてまとめる。
※ 必要に応じて、各教科、道徳及び総合的な学習の時間との関連を図った計画的指導や学年段階、発達の段階に即した系統的な指導にかかわる配慮事項などについても記述する。

3 学級活動 (2) の評価規準と本題材が目指す児童 (生徒) の姿

1単位時間ごとに「評価規準」作成せず、学校で低・中・高学年別に作成したものをそのまま掲載する。

観点	集団活動や生活への 関心・意欲・態度	集団の一員としての 思考・判断・実践	集団活動や生活への 知識・理解
評価規準	楽しく豊かな学級や学校の生活をつくるために、自己の生活の充実と向上にかかわる問題に関心をもち、日常の生活や学習に自主的に取り組もうとする。	楽しく豊かな学級や学校の生活をつくるために、日常の生活や学習の課題について話し合い、自己にあった望ましい解決方法などを考え、判断し、実践している。	楽しく豊かな学級や学校の生活をつくるために、自己の課題を知り、健全な生活の在り方などについて理解している。
目指す〇〇の姿	※学級活動 (2) の評価規準〔学校として見定めた評価の観点ごとに、発達の段階に即して設定した評価規準〕を踏まえ、本題材のねらい、内容に即して、十分満足できる活動の状況を、「目指す児童（生徒）の姿」として記述する。 ・目指す児童 (生徒) の姿は、事前、本時、事後の活動全体を通して、各観点をバランスよく設定することが望ましいが、必ずしも本時の中で全ての観点を評価する必要はない。例えば、事前で「関心･意欲･態度」を、本時で「知識･理解」と「思考･判断」を、事後に「実践」を中心に評価することも考えられる。		

4 活動と指導の見通し

1単位時間ごとに「評価規準」作成せず、学校で低・中・高学年別に作成したものをそのまま掲載する。

	活動内容	いつ	指導上の 留意点・資料	目指す児童(生徒)の姿と 評価方法
事前	※以下のような「題材の提示」から「振り返り」までの活動内容について記述する。 ・題材を知る。 ・アンケート調査し、結果をまとめる。(児童・生徒が行う場合) ・自分の問題について、考えておく。		※児童(生徒)が左の活動を行う上で、何をどのように工夫したり、配慮したりするかなどを記述する。 ・年間指導計画で設定した題材について事前に予告しておき、関心をもって生活をさせたり、問題意識を高めておいたりする。 ・学級の児童(生徒)の問題の状況を調査等により確認し、家庭への説明を行ったり、協力を依頼したりしておく	※評価規準に即して、一連の展開における「目指す児童(生徒)の姿」を示しておく。 ・○○の課題について、真剣に受け止めている。 関心・意欲・態度〔アンケート調査〕
本時	※協同思考による個人目標の自己決定)		本時の展開参照	
事後	・○○○期間、決めたことについて努力する。 ・振り返りをして、さらなる課題もつ。		・○○の児童には、○○の助言や励ましを行い、確実に実行できるようにする。 ・ペアで頑張りを確かめ合い、頑張りカードに励ましの言葉を書き合えるようにする。	・自分の決めたことについて粘り強く努力をしている。 思考・判断・実践〔観察・努力カード〕

「太線で囲む」などして、本時の位置づけを明確にする。

5 本時の展開

(1) 本時のねらい

※ 自他とのかかわりの中で、個人の課題を踏まえ、どんな自己決定ができるようにしたいのかの指導のねらいを端的に記述する。

(2) 本時の展開

段階	学習活動	指導上の留意点	目指す児童の姿と評価方法	資料	時間
導入	・題材とその課題の実態について知る。	※以下のように、児童（生徒）が左記の活動を行う上で、資料や活動の場づくり、グループでの話合い、ティームティーチング、ゲストティーチャー、簡単な実験、体験談を聞くなどの工夫する点を記述する。 ・課題の現状、事実などが、学級の一人一人に共通する課題であることが理解できるようにする。	※以下のように評価規準に即して、本時の展開における「目指す児童 (生徒) の姿」を示しておく。 ・課題の重要性について理解している。 知識・理解〔観察〕	・グラフ、アンケート調査や実態調査結果、映像など	8
展開	・課題の原因や様々な問題について知る。 ・課題の解決方法などについて考える。	・課題の原因について理解し、どうしても改善が必要であることが実感できるようにする。 ・様々な解決方法が出し合えるようにする。	・課題の原因（リスク、仕組み、影響など）について理解している。 知識・理解〔観察〕 ・課題の解決方法について考えている。 思考・判断・実践〔観察〕	・科学的な資料、実物、道具、写真、映像など ・図版、絵、写真など	25
事後	・自分の課題にあった「努力すべきこと」を決める。 ・互いに自分の努力することを発表し合う。	・自分自身の課題を確認できるようにし、何をどのように努力したらよいかを考えて、より具体的な自己決定ができるようにする。 ・互いの頑張りについて、励まし合えるようにする。	・自分の課題に合った実行可能な取組や方法などを決めている。 思考・判断・実践〔観察〕	・協力し、責任を果たして、計画的に活動している。 思考・判断・実践・〔観察・努力カード〕	12

(3) 事後指導

※実践化に向けて意欲化を図るための指導 (活動)、自己決定したことの見直しのための指導 (活動)、途中経過などを確認し合うための指導 (活動)、ある一定期間実行後に振り返りまとめるための指導 (活動)、さらなる活動へ発展させるための指導、自己決定したことの努力の実際、そのことによる成果などが実感できるようにするための指導 (活動）などについて記述する。

著者／杉田洋

文部科学省初等中等教育局教育課程課教科調査官。国立教育政策研究所教育課程研究センター教育課程調査官（小学校・特別活動担当）。日本特別活動研究会理事。浦和市立小学校教諭、教育委員会を経て、平成 16 年 4 月より現職。

イラスト◆菅原清貴
デザイン◆trispiral藤崎知子
編集協力◆高瀬康志
編集◆和田国明

表紙・本文イラスト◆菅原清貴
札幌市出身。前札幌市立幌西小学校長。退職後、開催した「菅原清貴あったかイラスト展」が好評を博す。2013年3月には、さいとうギャラリー（札幌）にて個展を開催。

自分を鍛え、集団を創る！
特別活動の教育技術

2013年 3 月 3 日　初版第1刷発行
2017年11月29日　第5刷発行

著者　杉田　洋
発行人　杉本　隆
発行所　小学館
〒101-8001
東京都千代田区一ツ橋 2-3-1
電話　編集 03-3230-5389
販売 03-5281-3555
印刷所　萩原印刷株式会社
製本所　株式会社若林製本工場

ISBN978-4-09-840141-3